U0930691

遇见最美的自己

——基于综合实践活动的生涯教育 ·高中版·

总 主 编　欧　健　邓晓鹏

本册主编　赵渊博　陈辉国

西南師範大學出版社
国家一级出版社　全国百佳图书出版单位

遇见最美的自己——基于综合实践活动的生涯教育（高中版）
YUJIAN ZUIMEI DE ZIJI—— JIYU ZONGHE SHIJIAN HUODONG DE SHENGYA JIAOYU（GAOZHONGBAN）

总 主 编：欧 健 邓晓鹏
本册主编：赵渊博 陈辉国

责任编辑：尹清强
责任校对：万珊珊
装帧设计：熊 熊
绘　　图：豪美文化
排　　版：黄金红
出版发行：西南师范大学出版社
地址：重庆市北碚区天生路2号
邮编：400715
印　　刷：重庆俊蒲印务有限公司
幅面尺寸：185 mm × 260 mm
印　　张：6.25
字　　数：125千字
版　　次：2020年10月第1版
印　　次：2020年10月第1次印刷
书　　号：ISBN 978-7-5697-0461-7
定　　价：16.80元

编审委员会

总顾问：宋乃庆

主　任：欧　健　邓晓鹏

副主任：曾万学　刘其宪　梁学友　黄仕友　彭红军
崔建萍　张　勇

委　员：张爱明　张万国　龙万明　涂登敖　刘芝花
常　山　范　伟　李正吉　吴丹丹　蒋邦龙
李　越　林艳华　李朝彬　杨泽新　向　颢
付晓妮　马　钊　张　宏　罗雅楠　罗　键
付新民　张兵娟　范林佳

编写委员会

总 主 编：欧　健　邓晓鹏

本册主编：赵渊博　陈辉国

编 写 者：刘秋娟　郝永皓　魏大明　周子淇
雷素娟　付新民　秦绪宝

序

新高考改革，出发点就是让学生拥有自主选择、自我负责的学习权。此种导向要求中学进行育人方式的变革，为学生开设生涯教育的课程，给予学生人生规划的指导，引导学生认知自己，明确自己的兴趣、性格、优势、价值取向，让学生以此为基础认识外界，更好地为自己设立生涯目标，并根据已拥有的资源规划实现目标。《遇见最美的自己——基于综合实践活动的生涯教育》（高中版、初中版）两册主体教材，正是西南大学附属中学先于国家政策试点，通过不懈的实践探索，收获的基于综合实践活动推进生涯教育的特色研究成果。

如何通过生涯规划课程的学习引导学生学会自主选择，这一重要议题为我国教育改革与发展开拓了一个新的领域。《遇见最美的自己——基于综合实践活动的生涯教育》（高中版、初中版）两册主体教材，从实践的角度架构了基于综合实践活动的生涯教育的基本框架，为服务于学生生成发展的育人模式的构建、学校教育品质的提升和学校实践改革的推进提供了重要启示，研究具有开拓意义。

第一，该套教材的目标定位和内容选择，是以“助学生找到人生方向”为根本宗旨，贯穿初高中，培养个体人生规划意识与技能，指导学生学会学习、学会选择，在充分认识自我和理解社会的基础上，平衡个人发展和社会发展的需求，初步设计合理的人生发展路径，促进个体生涯发展活动，提升生涯素养。

第二，教材的设计与安排，坚守“学生是学习与发展的主体”这一根本理念，不仅初高中分阶段相互衔接，进行了一体化设计，更重要的是通过活动为学生搭建主动选择的平台，以研究性学习、社区服务、社会实践、研学旅行、设计制作、职业体验等综合实践活动为载体，引导学生在活动中明确人生奋斗目标并激发生涯学习动力，而不是简单地为学生提供品类繁多的“超市商品”让学生选择。

第三，学校还开发了《国粹武术》《食育课堂 ·助力成长》《生物实践与创意生活》《数学视角看生活经济》《水科技与健康生涯》《乡土地理 ·九门实践》等配套教材，结合校内外的学习实践和生活实践，将基于综合实践活动的生涯教育理论渗透到学科课程中，为学生生涯发展提供重要教育平台和资源，弥补学生社会经历缺乏、生活经验不足、实践体验机会太少等生涯教育短板，促进生涯教育过程性和动态性发展。主体教材和辅助教材相辅相助，将生涯教育和综合实践活动有效融合，让学生在沉浸式的体验中感知自己、认知职业、畅想未来。

第四，教材贴近学生，语言平实生动，联系初高中生活学习实际，通俗易懂；图文并茂，既有趣味漫画形象，又有学生实践的光影记录，并以漫画和学校风景为各章节首页，观之可亲。学生可从课堂内的探索活动、课堂外的校本实践中深刻体验生涯力量，还可在教师的引导下从活动链接中习得生涯领域的重要概念及理论，为未来的生涯发展做好积累。

总体而言，整套教材以综合实践活动为基础，融入学科课程和劳动教育，以提升学生生涯规划能力为目的，不断强化适合生涯发展的认知能力、合作能力、创新能力、职业能力，力图帮助学生适应并服务于社会，获得终身学习、终身幸福的能力。

教书育人在细微处，学生成长在实践中。本套教材的出版，将丰富生涯教育的承载形式，为中小学开展并落实基于综合实践活动的生涯教育提供可借鉴的案例，有效加强中学生生涯教育，促进学生全面发展、终身发展和个性发展。希望广大学生也可以像西大附中学生一样“在最适合的时候遇到最美的自己 ”，希望更多的学校像西大附中一样 “为学生一生的生涯幸福奠基，让他们成长为自己满意的样子 ”。

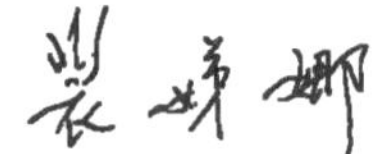

2020 年 10 月 1 日

（裴娣娜：北京师范大学资深教授，博士生导师，当代教育名家，中国课程与教学论首席专家，全国教学论专业委员会主任）

前言

QIANYAN

寒来暑往，西南大学附属中学在生涯教育这片热土上已躬耕十数年。多年实践让我们相信，学校的课程、活动、校本教材都应回到问题的原点：什么是教育？

教育，是将自然人培养成社会人的过程，是帮助每一个孩子认识自己、发现自己，让他既能成长为自己心中最美的样子，又能符合国家、社会对人才的需求。

因此，我们希望实现这样一种生涯教育：让学生有智慧地参与综合实践活动，从活动中生发智慧；让学生有德性地参与综合实践活动，在活动中完善德性；让学生带着对美的追求参与到活动中，在活动中提升创造美的能力。一个拥有智慧与德性、能够欣赏美创造美的个体，定然能够在瞬息万变的世界里立定脚跟，也能够在喧喧嚷嚷中细心呵护一枝蔷薇。

秉持这样的理念，我们编写了《遇见最美的自己——基于综合实践活动的生涯教育》系列教材，着力帮助学生更好地适应未来不同阶段的身份、角色。希望学习此书的孩子们，不必因为不懂自己、不明环境、不会选择而错失遇见最美自己的机会。请打开这本书，热情地投入到探索活动中，感知自己的心跳起伏，喜恶悲欣；细细品读每个生涯故事，观察他人的生活，触碰更多可能；更要在校本实践中交流碰撞，磨砺成长……这本书将是孩子们生涯成长路上的小伙伴，陪在身旁，给予力量。希望大家从此学会学习，学会选择，学会生活。

基于综合实践活动的生涯教育是为幸福人生奠基的教育。我相信，当每一个个体恰如其分地成长为自己所喜欢的样子，拥有人生幸福的能力，就同样能为他人带来幸福，为社会创造福祉，为国家幸福而不断奋斗！

欧健

2020年10月1日

（欧健：教育博士，正高级教师，西南大学附属中学校长）

目录

MULU

第一单元

自我认知

我是谁？我从哪里来？要到哪里去？这三个问题是千百年来每一个有自我意识的人对自我内心的追问。

我们每个人不仅是一个独立的生命个体，而且是独特的生命个体。你是独一无二的，世上只有一个你，你的人生也只有一次，你在期望实现自身价值的同时也要对自己的人生负责。在这个过程中，你逐渐通过自我的观察、觉知来升华自己的认识，发现自己的长处，唤醒自身内在的潜能。

在这里，请开启你的高中生活，从今天起，你将作为一名高中生，以高尚人格，提升社会能量；用真挚情感，抚慰同胞心灵；凭精湛知识，帮助困厄之人。在你的青春时光，有一种梦等你去编织，有一种辉煌等你去创造！加油，青春路上的奋进者……

第一节　我是高中生

导 语

高中阶段是个性基本形成的阶段，在这个阶段，人格基本定型，学生开始综合认识和考虑自己的兴趣、能力与职业社会价值，并开始进行择业尝试。因此，高中生发掘自己的职业潜质，并为自己制定一套可行的、长远的生涯规划非常重要。那么，你想象中的高中是什么样的？高中与初中有什么区别？高中在整个人生阶段中，处于什么位置呢？

探索活动

一、“打卡”——我的高中在这里

根据附中手绘明信片，找到相应的建筑物，并与之合影，仔细思考这些建筑物名字背后的深意，想象你将在这里展开一段怎样的时光。

二、展望——我的高中生活会是怎样的呢?

你看过哪些关于高中生的电影呢？这些电影中的哪些情节让你觉得很有意思？哪些情节让你觉得并不真实？你期待的高中生活是怎样的？请与你周围的同学交流。

可参考电影：《无问西东》等；可参考纪录片：《高三》《高考》《人生第一次》等。

一、认识高中

走过小学，跨过初中，走进高中，你感受到高中生活的异样了吗？这些不同之处表现在哪些方面呢？对你是否造成了困扰呢？你又该如何处理这些困扰呢？

为了帮助同学们更好地度过高中这一人生重要阶段，我们要了解这一阶段的特点。

1. 高中的学习特点

提起高中，难免会想到高考，而随着素质教育的落实和新课程改革的推进，高中学科知识量与信息量相较于初中有了很大的变化，这不仅是因为你已经是一名高中生，而且因为你的身心发展特点需要更多知识的滋养。高中阶段一共要开设十多门学科：语文、数学、外语、物理、化学、生物、历史、地理、政治、体育等，每一门学科又有五六个知识模块，知识量都很大。而且不同的学科学习方法也不一样。高中知识多为抽象概括性的知识，初入高中阶段的学生一时会难以适应，且相较于初中而言高中课程学习进度会较快，对学生的自主学习能力要求较高。要想适应高中学习生活，除了要拥有高效的学习方法外，还需具有较高的观察能力、记忆能力、想象能力、思维能力、操作能力等。虽然高中学科较多，但学科之间相互影响，多门学科之间联系紧密，既是对初中学习的深入与发展，也是对新知识的探索与追寻。因此高中的学习往往需要学生在以往所学知识的基础上，进一步深入挖掘，充分利用自身的能力优势，专注、专心、专业地投身于学习之中，系统、综合地掌握学科知识，逐步破解遇到的知识难题。

2. 高中的生活特点

高中生活的特点是在半社会化的人际关系中建设自我、塑造自我。相对于初中，高中生活更加丰富多彩。高中生活主要由两部分组成：一是人际交往，涉及与父母的交往、与老师的交往和同学间的交往；二是校园活动，主要涉及社团活动和文体活动。

进入青年期的中学生对父母的崇拜、依赖、依恋、顺从减弱，要求独立地解决涉及个人的问题，要求父母尊重自己的意愿和情感。对于高中生来说，要表现出一定的独立能力，让父母放心，要试着去关心父母，帮他们做做家务，谈谈家庭经济和自己的理想，在沟通交流过程中相互影响、相互促进，无形中起到缩小代沟的作用。

师生交往是学校中最基本、最重要的人际交往。高中生已具有独立的自我精神，尊重老师、尊重老师的劳动，是师生和谐相处的基本前提。老师把自己掌握的几乎所有的知识无私地、毫无保留地教给学生，如果他们希望得到什么回报的话，就是希望看到学生成材、成熟，在知识的高峰上越攀越高。

同伴交往是一个人社会化的重要途径。高中生同伴间的交往已经开始试探成年之后的社会角色。高中生交往应遵循以下原则：互学——朋友交往，自然会互相模仿，你不知不觉影响我，我潜移默化影响你，这是一种自觉与不自觉的互学。互通——交友之后,首先是情感互通,接着是信息互通。信息互通有时比情感互通更重要。互助——朋友互助。互助是应该取长补短的，自己有所长，要在互助中教朋友认识，然后教他“取”，教他“补”，最后让你的长成为他的长。互励——相互鼓励是朋友间常有的事。同道而行，一方落后就要及时打气加油，让他跟上，继续并肩而行。

二、开启高中生活

面对高中学习生活所带来的变化，同学们刚入学就要了解，并积极适应。一方面要重新认识自己，了解自己的优势和不足，另一方面也要学会自我管理和规划，做自己的主人，促使自己逐渐身心成熟，为自己今后的发展奠定坚实基础。

为此，我们应该积极有效地适应高中生活，以蓄势待发之势开启高中新生活。

1. 了解自己的学校

步入高中就将面临一个新的环境，这时，可以约上三五好友或者父母等，在开学之初在校园走一走，熟悉校园环境、了解校园文化、认知校园情景，尽快熟悉学习、生活过程中可能用到的教学楼、办公楼、体育场馆、图书馆、宿舍、餐厅等。当其他同学向你咨询时，你可以以主人的心态向其介绍，增进同学间的友谊。

2. 正确评价自己

无论以前取得了多大的成就或者获得了多少荣誉，从你步入高中校园的那一刻起，应保持“空杯心态”，放下以往的各种成就，学会正确地认识自己，积极了解自己的优点和不足，以谦虚、谨慎的态度努力适应新环境所带来的变化，不断学习新知识、结交新同学、结识新老师。

3. 学会制定生涯规划

在高中阶段我们会面临很多选择，这不仅是高中生开始独立的象征，也是逐渐走向成熟的标志，这些选择将对同学们未来的生涯发展产生重要影响，如社团选择、选考科目选择、大学选择、专业选择等。如果我们及早制定生涯规划，清晰把握自身发展方向，将增强自身未来发展的目标方向感，提高适应能力。

4. 参与学校综合实践活动

高中阶段与初中阶段有很大的不同，高中阶段有丰富多彩的社团活动，同学们既可以参加学校组织的各项活动，还可以参加班级组织的活动。同学们可根据自己的喜好加入喜欢的某个社团，在活动中找寻自身的价值，锻炼自己的能力，结交更多的同学，促进自己融入新的学习生活环境。

5. 主动适应，调整自己

高中阶段对学生学习、生活的自主性要求较高，在学习上要求学生有一定的自主学习能力，在生活上要求学生有自理能力。面对新环境，同学们要主动调适自身，逐步学会自主学习，变被动学习为主动学习，提高学习效率。如果短期内无法很好地适应高中生活，我们要积极寻求支持，如可以向学校心理老师、班主任、家长、同学等求助。

生涯成长来自实践活动，请参与以下活动，加深你对本课的认识吧！

综合实践活动一：走进学长课堂

同龄人总是最亲近的，“过来人”的金玉良言值得一听，一起到学长课堂听听他们的分享吧！

1. 活动参与对象

高一年级学生，优秀附中毕业生。

2. 活动内容

在班主任或学校学生成长中心的组织下，联系学校刚毕业的优秀校友，请优秀的学长与高一年级新生交流分享自己高中学习生活及学习经验。

3. 活动任务

你对高中学习生活有什么困惑？学习上有什么困难？有什么其他问题想跟学长交流呢？请你提前准备好相关的问题，到学长课堂大胆与学长交流。

综合实践活动二：走入校史馆

作为学校的一员，你想知道学校的历史吗？一起去校史馆看看吧！

1. 活动参与对象

高一年级学生。

2. 活动内容

（1）参观路线。以时间为序，循历史脉络，设计参观行进路线：校史馆大厅—主展厅—校园文化展区—视察题画展区—历史沿革展厅—迤逦前行展区—今日气象展区—教育改革和国际部。

（2）重点板块内容解读。深入了解你感兴趣的某一板块的背景知识。

3. 活动任务

参观时哪一个板块给你的印象最深，最打动你？给你什么启示？记录参观时所见、所感，请你参观完校史馆后，写一篇校史馆游记。

小解说员培训：选择一个部分，学写解说词。

4. 活动总结

分享参观时给你印象深刻的照片文字、参观感悟。

综合实践活动三：入格教育

在你进入附中时，会有专门的入格教育来帮助你“入”高中生的“格”，来看看入格教育会做些什么吧！

1. 活动参与对象

高一年级学生。

2. 主要内容

包括行为规范及礼仪训练、入校生活指导、参悟训练、班级文化展示、内务学习、升学礼等。

3. 活动实施过程

准备阶段：组建入格教育活动团队，导师培训，明确任务分工，落实准备活动道具、器材及场地等。

实施阶段：分班级开展行为礼仪训练、晨诵、暮醒、班级文化展示等活动，全年级开展升学礼、拜师礼、入校生活指导等活动。

总结阶段：收集学生感悟、活动过程图片文字资料，制作活动视频等，留下高中生涯的珍贵记忆。

第二节　志趣与兴趣

当我们询问一个人的兴趣时，往往会得到“爱听音乐、爱看电影”之类的回答。这些当然是兴趣，但还仅仅停留在感官兴趣之上，更像是在回答“我最喜欢玩什么”。但是，兴趣如果能上升到志趣，也许就可以成为我们一生成就感的来源了。

有一个叫《火花》的故事，主要内容如下：

一位在大雨中行走的男子，浑身是雨，鼻子里只闻得到雨衣的橡胶味。这时，他看到空中一根悬着的电线发出紫色的火花。他莫名地感动了。他的外衣口袋里藏着他写作的稿件，预备在杂志上发表。走在雨中，他又一次抬头看看身后的电线。电线依然放出锐利的火花。他突然发现，自己整个人生里并没有什么特别想要的东西。可是，只有这紫色的火花——只有这空中激烈的火花，哪怕要用生命去换，他也想握在手中。

你的紫色的火花是什么呢？什么是你在生命的挫败、失落袭来时，也依然想要用尽一生去追逐的东西呢？

探索活动

一、你有什么兴趣？兴趣是最好的老师吗？

（1）如果做一个自我介绍，兴趣这一栏，你会怎么填？

（2）喜欢吃东西、做一个“吃货”和成为美食工作者这三件事有什么区别？

二、兴趣大联欢

在班级内部来一场“兴起而至”的大联欢吧！

1. 活动准备

（1）道具准备：提前统计好需要的道具，为节约资源，可租用道具，也可自制道具。

（2）化妆准备：如有需要，可提前准备好与节目相符的妆容和发饰。

（3）设备准备：提前准备相应的 PPT、背景音乐、灯光、相机等。

2. 活动流程

（1）主持人负责串起所有节目，并在串词中介绍每个节目背后的兴趣支点。

（2）按序表演，教师总结，分享感受。

三、观看视频《漂在水上的足球场》并完成下面的思考。

思考：是不是所有的兴趣都会让自己舒服、愉快呢？有没有哪些兴趣是伴随着艰难和痛苦的呢？请把你的思考与周围的同学分享。

活动链接

一、理论链接——兴趣金字塔

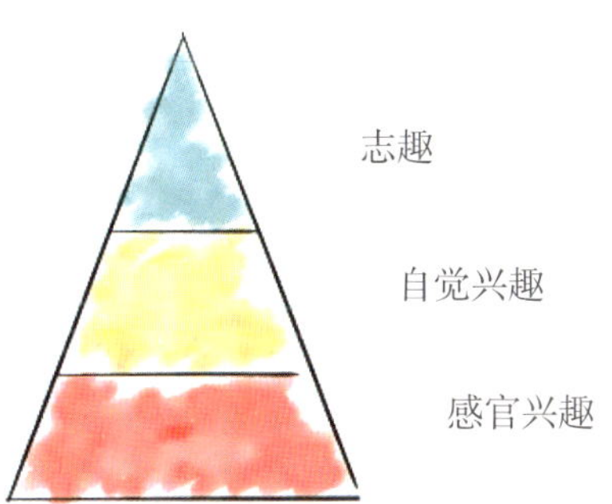

处于底层的感官兴趣主要是对感官刺激的喜爱，如喜欢吃东西、喜欢听相声、喜欢睡觉等，人们谈论兴趣时往往谈论的是感官兴趣。这一层的兴趣是外控的、不稳定的，会因为时间甚至心情的变化而变化。

处于中层的是“自觉兴趣”，除了感官刺激之外，自觉兴趣往往意味着我们对这种感官刺激的原因产生了探究的意愿，开始问“为什么”。此阶段的兴趣是内控的，相对稳定，如一个爱美食的人开始探索如何做出美食，一个喜欢看小说的人开始思考为什么有的小说特别吸引人而有的却平平无奇……

处于顶端的是“志趣”，志趣在感官刺激体验、主动认知行为之外，还能得到自我的价值激励。此时，他每在自己的兴趣上投入一分，就能获得一分创造带来的价值效能感，因此，这是一种非常稳定的兴趣。

你的兴趣，处在哪个层面呢？如何帮助自己把感官兴趣上升为自觉兴趣甚至是志趣呢？

二、理论链接——内部动机

心理学有一种理论叫作“自我决定理论”，该理论认为除了解决生理需求以外，如果一件事能让一个人主动去做，那么这件事情至少能同时满足这个人的自主需求、胜任需求和归属需求。我们举两个例子：

同学甲非常喜欢玩一款团队对抗的游戏，在这款游戏中，他可以自己决定选取哪个“英雄”、自己决定搭配哪些“装备”（自主需求）。还可以通过不断练习，提升自己的技能和实力，相应地也会有“段位”的提升（胜任需求）。在游戏中，会有玩得不错的好友，甚至可以加入“战队”一起玩（归属需求）。

同学乙爱好打篮球，每逢周末总是会去篮球场挥汗如雨。在篮球场上，他可以自己决定和谁一起组队、自己决定采用何种玩法（自主需求）。每当他发挥出色，篮球投进篮筐的一刹那，或是为队友奉献了巧妙助攻，他都感觉好极了（胜任需求）。篮球场外，几个经常打篮球的同学也都互相熟悉，经常相互约球（归属需求）。

上面两个例子中，玩游戏和打篮球都满足了两位同学各自的自主需求、胜任需求和归属需求，激发了他们做这件事的内部动机。因此，他们愿意主动去做这些事，甚至即便在无法做这些事情的时候，他们也心心念念地想去做。这些，就是自我决定理论所讲述的内部动机的产生来源。

校本实践

生涯成长来自实践活动，请参与以下活动，加深你对本课的认识吧！

综合实践活动一：校园选修课

高一年级每周有一节针对高一全体学生的选修课，学生可根据自己的兴趣选择选修的内容。周末，学校单独为长住生开发了选修课。选修课有演讲与口才、思维与辩论、围棋、象棋、写作、木工、科学实验、乒乓球等。这是我们把感官兴趣转化为认知兴趣的好时机！快选择你喜欢的选修课吧！

综合实践活动二：研究性学习——给志趣以舞台

如果你有奇思妙想或是学术疑惑，要通过实验来验证或是通过研究来证明，那么研究性学习小组的大门为你敞开！

1. 专项课题培训

包括集中通识培训、专业课程培训、成果交流与展示。

2. 专项课题研究

（1）在学校综合实践活动导师的指导下确定研究主题或方向。

（2）与本研究小组讨论制订研究计划，确定研究内容、研究方法和技术路线。

（3）开展研究，并随时向导师反馈研究情况，及时修正改善。

3. 成果总结

撰写成果报告、学习体会、收获及建议。

第三节　性格认同与完善

导语

正如世界上没有两片相同的树叶，世界上也没有两个性格完全相同的人。世界上每一朵花都有自己的春天，世界上的每一种性格都有它的动人之处。开朗的人让人放松，内向的人容易专注，坚韧的人能承受一切命运，脆弱的人因敏感而温柔。其实，性格和我们的神经活动紧密相关，不是想改就可以改的，那是一个人的标志，也是他不同于他人的特征。从这个角度看，性格也是一种宝贵的天赋，我们应该珍惜这种天赋，扬长避短，做适合自己的事。

探索活动

一、认知性格

性格是一个人对现实的稳定的态度，以及在与这种态度相应的、习惯化了的行为方式中表现出来的人格特征。性格是一个非常复杂的心理构成物，它包含着许多心理特征，主要表现为态度、意志、情绪、理智等。

活动一：《西游记》中唐僧师徒四人性格迥异，在你看来，他们分别有怎样的性格特征？请各用三个词描述他们性格的优点和缺点。

	唐僧	孙悟空	猪八戒	沙僧
优点				
缺点				

你认为你比较像谁？尝试分别用三个词来描述自己性格的优点和缺点。

活动二：请到学校信息中心完成 MBTI 职业性格测试，并将你的测试结果填入下方表格。

能量获取途径（E或I）	获取信息方式（S或N）	决策判断方式（T或F）	生活行动方式（J或P）

你认为 MBTI 职业性格测试准吗？你喜欢你性格特质里面的____________等，不喜欢____________等。

测试说明：

（1）MBTI 衡量的是个人的类型偏好（天生的倾向性、特定的行为和思考方式），也可称作倾向。这些倾向，没有好坏对错之分，只是各自识别了一些人类正常和有价值的行为。

（2）每一个维度上每个人只能有一个偏好，但不意味没有相反的特征，也许某些特定环境下甚至与主要倾向相反，所以不要绝对地看结果。

（3）在判断中要区分天生的倾向和社会的期望。

二、性格的完善：送你一颗宝石

（1）全班同学分成 6 个组，每组 8 人。选 1 人当组长，发给每人 5 张以上的宝石卡片。

（2）每个小组成员给其他成员送 1 张宝石卡片，卡片上写下一个代表你的优秀个性品质的词。比如：

温暖　耐心　正直　谨慎　朴素

开朗　豁达　体贴　乐观　洒脱

成熟稳重　雷厉风行　敢作敢当　憨厚老实　诚实坦率　勇敢坚强

谦虚谨慎　善解人意　活泼可爱　热情大方　幽默风趣　心地善良

乐于助人　有责任心　积极上进　聪明伶俐　心灵手巧　反应敏捷

你还想到什么词语？可以把它们写下来送给他人，要是正面积极的词语哦！

（3）体验分享。

当你收到这些宝石卡片的时候，你的感受是什么？

要怎样做才能在现实生活中真正拥有这些品质？

（4）将讨论的结果记录下来。

我想要拥有却还没有拥有的品质是：

我这样做才能够真正拥有这些品质：

活动链接

一、生涯人物链接——项羽

项羽，西楚霸王，战无不胜的“战神”，却因为性格与身份的错位最终乌江自刎。他骁勇善战，充满生命力，又优柔多情，对虞姬对乌骓马都表现出了英雄的爱护。但英雄的任性却与君王所需的克制隐忍背道而驰。因此，最终他失天下，刘邦得天下。卢照邻在《悲穷道》中写道：“天道如何？自古相嗟。项羽帐中之饮，荆卿易水之歌，何壮夫之懦抑？伊儿女之情多。”卢照邻认为项羽正是因为太过儿女情长，才无法与刘邦抗衡。他的悲剧，实际上是性格的悲剧。

所以，我们应该寻找与自己性格匹配的生活环境、职业环境，发挥自己的长处，展示自己的能力，获取人生的意义感。

二、性格决定命运吗？

人们常说，性格决定命运。事实如此吗？

一条路，左边是冰淇淋，右边是炸鸡。喜欢冰淇淋的人选了冰淇淋，喜欢炸鸡的人选了炸鸡。选冰淇淋的人又面对面包和蛋糕的选择，选炸鸡的人又面对面条和米饭的选择，于是人流再次分散……

人随时随地都在做选择，性格会决定你选哪条路，而路上所经历的一切，又随时在塑造你的性格。连我们自己，也在反复锤炼自己，塑造自己。

人又总是会选择相对更好的选择——比如，某条命运之路可能在经济上未必好，但会让人获得额外的心灵慰藉（安全感、舒适感之类）。

所以，也许到最后，人的命运，就是根据自己的倾向、性格和爱好，一路选择出来的。

所以，不如说性格影响了我们的选择，选择影响了我们的命运。

生涯成长来自实践活动，请参与以下活动，加深你对本课的认识吧！

综合实践活动：心理剧表演

你喜欢表演吗？你知道行动与语言背后往往都有心理的驱动吗？如果你希望探索其中的奥秘，请试试参加心理剧表演吧！

心理剧是我校综合实践活动当中一个有趣的部分，在心理剧表演中，同学们体验或重新体验自己的思想、情绪、梦境及人际关系，在安全的氛围中，探索、释放、觉察和分享内在自我。请在课堂上组成一个小分队，小组内部的同学依次登台演出自己生活当中的一个片段，结束后分享表演的体验。

第四节　能力与生涯能力

我们总说“能者多劳”，也总听到“能力越大，责任越大”的说法。被称为“能力者”“能人”“能手”的人也总是会以此为骄傲。那么能力到底是什么呢？我们每个人在每个阶段拥有的能力是相同的吗？如果处在能力还较弱的状态下，能不能通过某种方式培养自己的能力呢？生物学家曾提出“用进废退”的观点，那么，能力会随着我们使用频率的下降而变弱吗？带着这些疑问，我们一起走进本课。

探索活动

一、我的“生命曲线”

请选择你喜欢的颜色的笔，在纸上画出从你记事起到现在，你在人生中经历的低谷和巅峰。仔细回顾你人生的“巅峰时刻”，并想想，在那个时刻里，你展示了自己哪方面的能力？那份能力你现在还拥有吗？和你身边的朋友背对背分享这些时刻，同时听听他眼中的你拥有哪些能力。

二、做个“能力者”

如果可以不受限制地拥有自己想要拥有的能力的话，你最想拥有哪一种能力呢？或者，你最想成为哪一类人呢？你有没有发现，每一个人都有自己特别的能力呢？请尽情想象，并与同学分享你的理由。

一、何为优势

你的优势是指那些让你感到自己很强大的事。发现这些优势的人就是你，你不需要父母或心理学家来告诉你你都有哪些优势。

优势的四大标志，可以用首字母缩写 SIGN 表示：

- S（success，成功）——在做的过程中，你会感到很充实、很高效。
- I（instinct，直觉）——在做之前，你对此事已充满了期待。
- G（growth，成长）——在做的过程中，你的求知欲很强，非常专注。
- N（needs，需求）——做完之后，你会感觉很有成就感和真实感。

二、匹配理论

匹配（特质－因素）理论：尊重个人的独特性，重点强调人与职业的匹配。“特质－因素论”由美国学者帕森斯提出。他指出，选择一种职业的时候，有三个明显的因素：准确地了解自己，包括人格、能力、兴趣、资源、限制及其他特质；懂得在不同的领域获得成功所需要的条件、环境和发展前途；对于这两部分事实相互关系的准确认知。个人特质与工作要求条件可以相互匹配，从而确定理想的职业生涯，因此有人称之为“匹配理论”。

校本实践

生涯成长来自实践活动，请参与以下活动，加深你对本课的认识吧！

综合实践活动：缤纷节

缤纷节是为学生适应高中生活所设置的综合实践活动，为大家展示自己的各方面能力提供了大舞台。缤纷节活动众多，去看看有没有你喜欢的吧！

1. 活动参与对象

非毕业年级学生。

2. 主要内容

“附中好诗词”、青春歌会、综艺晚会、思辨青春、校园心理剧展演……

3. 活动实施过程

准备阶段：各班、各社团明确任务分工，落实准备活动道具、器材及场地等，在班主任或其他外请老师的带领下开始排练。

实施阶段：每年 11 月，持续两天，按照预先安排的顺序登台表演。

总结阶段：收集学生感悟、活动过程图片文字资料，制作活动视频等，留下高中生涯珍贵记忆。

第二单元 外部认知

天地万物，人最宝贵。而人又是社会性动物，这决定了我们的生存与发展都需要与社会环境进行互动与联系。

作为青少年的我们，也处在不断学习、锻炼自己社会能力的关键期，因此我们在探寻生涯路径、规划生涯的过程中，必然要充分考虑我们所处的外部生涯环境。只有结合我们对大学和专业的认识、对职业世界的基本了解，以及整个世界与时代的演变趋势，我们才能更好地进行生涯选择与决策。

在本章，我们将和同学们一起初步认识大学和专业，了解国内大学的基本分类、专业设置以及专业选择等。同时，我们还将进入职业世界，初步了解职业的基本类型以及未来我们可能面临的新职业世界。最后，我们要从世界发展趋势和时代对人的要求方面了解我们应当如何做好准备，最终形成自己的职业价值观。

第一节　初识大学与专业

导 语

每一位高三学子的心中都有一个大学梦。同学们寒窗苦读十数载，希望能在高考中收获好成绩，昂首迈进大学校门。然而，填报高考志愿那一刻，我们却常常举步维艰，焦虑异常。到那时才发现，高考成绩是大学敲门砖；而正确地选择大学和专业则是敲对门的导航仪。只有正确选择适合自己的大学和专业，同学们在往后的大学学习中才会甘之如饴，坚持到底。

探索活动

一、初识大学

（1）请描绘出你眼中理想大学必备的三要素，并和同学交流。

我眼中的理想大学的三要素：

（2）请写下自己考大学的一个最重要的理由，并与周围的同学分享。

例如：

我为了找一份合适的工作，所以需要上大学；

我为了实现父母的期望，所以需要上大学；

我想为社会做贡献，所以需要上大学；

我要借助大学的多元平台寻找自己的兴趣，实现梦想，所以需要上大学。

我想上大学的理由：

（3）请观看北京大学的招生宣传片《星空日记》，思考：大学应该是个怎样的地方？它和你最初的想法一样吗？

二、初识专业

你听说过哪些专业？你有没有特别想选的专业？请思考一个选择这类专业的理由，并与同学分享。例如：

我为了找一份合适的工作，所以选择该专业；

我为了继承父母的衣钵，所以选择该专业；

我想做一个对社会有用的人，所以选择该专业；

我选择的专业基础性强，能在考研考博时体现出极强的优势，所以选择该专业。

我喜欢的专业是：

我选择的理由是：

那么，到底有哪些大学、哪些专业等待着我们去选择呢？请到“活动链接”中去寻找答案吧！

一、认知大学

大学是什么？大学是在我们求知欲最旺盛、心智最为开放的青春时代，短时间内将人类知识呈现在我们面前的地方，是尽可能让我们远离社会的浮躁，全身心投入阅读、思考与突破自己的地方。

大学是什么？大学是教会我们独立思考并准确表达思想的地方，是教会我们能够广泛交友并拥有广阔视野的地方，是培养我们能够在各自不同专业领域攀登高峰的地方。

大学是什么？大学是追求真理的地方，不盲从、不放弃、不屈服、不张扬，是钻研高深学问、追求纯粹学术的地方，是永远站在反思社会的制高点，同时又能为国家提供智力支持和人才资源的地方。

那么，我们就一起来了解一下大学的类别和大学的层次吧！

1. 大学类别

（1）综合类大学：以北京大学、复旦大学、浙江大学、南京大学等为代表。这些大学的历史悠久，学校包含多个学科，专业选择范围大。

（2）理工类大学：以清华大学、华中科技大学等为代表。这类大学多受理科生重视；此外，这类学校更加重视和专注于学科建设。

（3）师范类大学：以北京师范大学、华东师范大学等为代表。这类大学的专业针对性强，能较好地对应职业需求。这类大学现在陆续开设了非师范专业，使得学生专业选择范围增大。

（4）农林类大学、政法类大学、医药类大学、财经类大学、民族类大学、语言类大学、艺术类大学、体育类大学、军事类大学等，专业性很强，对学生的教育培养目标精准。报考这类大学之前需要做好前期准备，明确自己是否拥有上述方面的天赋与兴趣。

2. “211”大学、“985”大学和“双一流”大学

“211 工程”是国家为了面向 21 世纪，重点建设的 100 所左右的名校。211 工程也是新中国成立以来在高等教育领域正式立项的规模最大的重点建设工程。

“985 工程”是我国政府为建设若干所世界一流大学和一批国际知名的高水平研究型大学而实施的高等教育建设工程。该工程提出的时间为 1998 年 5 月，由此而得名。

“双一流”为世界一流大学和一流学科的简称，意在建设世界一流大学和一流学

科，是中共中央、国务院做出的重大战略决策，也是中国高等教育领域继“211工程”“985工程”之后的又一国家战略。该概念的提出，有利于提升国家高等教育综合实力和国际竞争力，为实现“两个一百年”和中华民族伟大复兴的中国梦提供有力支撑。

3. 大学排名

大学排名，是一所大学综合实力的最佳体现，能较准确、公正地反映大学教育实力和科研能力。国内大学排名在各大网站均能检索，也可通过国际网络对世界各大学排名进行查询。

4. 留学

（1）美国留学。美国教育多为开放式教授，更加关注学生应用知识解决问题的实际操作能力。重视启发式教学，着力于调动学生的创造力和想象力。

申读留学美国，须至少高中毕业；还需要准备高中成绩单、托福考试成绩、SAT考试成绩、简历表、个人陈述、推荐信等。此外，英语成绩优异者能获得不同程度的教育奖学金。

（2）加拿大留学。加拿大是世界上教育体系完备、教育质量高的国家之一。其颁发的毕业证书全球认可。加拿大居住环境质量优，且相较于其他国家来说留学费用不高。

留学加拿大的申请条件相对宽松。只需要准备高中成绩单和语言考试成绩。如果附加SAT考试成绩，能大大提高通过留学申请的机会。

（3）英国留学。英国作为一个留学生流入大国，具有一套完备且高质量的教育体系。英国政府对英国学校的硬件设施和软件设施的投入与执行都有非常严苛的管理和监督策略。英国高校教育本硕连读多数只需要4年时间，学习时间成本大大缩减，为学生提供了更多实习空间。英国学校教育更偏重于发展学生特长，具有专长的留学生更有竞争力。

留学英国需要进行语言考试（雅思），并学习其特制课程“A-level”。

（4）澳大利亚留学。澳大利亚高校的教学水平高，教学中采用学分制，灵活机动，承认双学位；能关注到理工类和非理工类学生的差异，并在教学难度设置中有所考虑。

留学澳大利亚的申请条件更为宽松，很多学校仅关注高中成绩和语言考试成绩，其他方面关注度不高。

（5）日本留学。日本教育方式与美国教育方式有相似之处，都很关注学生实际操作能力和创造力。此外，日本高校更强调学术研究，希望学生能通过研究成果造福社会。

留学日本需要通过日语考试二级，且提供日本学力考试成绩和大学独立考试成绩。

二、认知专业

1. 专业设置

根据《普通高等学校本科专业目录》（2020年版），我国普通高校设有13个学科门类，分别为哲学、经济学、法学、教育学、文学、历史学、理学、工学、农学、医学、军事学、管理学、艺术学，共506个专业。以经济学为例：经济学学科门类包含4个专业门类，即经济学类、财政学类、金融学类、经济与贸易类，共22个专业。每届高三毕业生都会有一本专属于该年的专业填报目录，各位同学可以提早翻看。

考生在选择学科和专业时，可以参考国务院学位委员会和教育部颁布的《学位授予和人才培养学科目录》，从而选择适合自己的专业进行学习。有留学计划或出国深造计划的同学，可以参看"QS世界大学学科排名"，其2020年最新的排名榜横跨5大学科群48个专业。

2. 专业与职业的关系

专业与职业的关系大致可以分为三类：专业与职业的一对一、专业与职业的一对多及专业与职业的多对一。

（1）专、职一对一：专业与所从事的职业基本吻合，能较好地学以致用，并能在工作中利用所学知识实现创造性发展。

（2）专、职一对多：专业能与多项职业相通，很大程度上会出现毕业后就业渠道多的状态。这类专业被描述为宽口径、厚基础专业。

（3）专、职多对一：多类专业最后可能同某一类职业联系起来。这类情况中最常见的一类是专业与职业不对口，未来将要从事的职业不是所学专业。如果出现这类情况，建议及早调整专业类型。

每个人的兴趣、爱好、人生观、价值观、个性等各不相同，未来从事的职业也多有不同。同样，每个人对大学和专业的定位也不尽相同。在自己的专属人生中，如何做出适合自己的选择？俗话说："知己知彼，百战不殆。"我们要认清自己的选择，需要了解自己，也需要了解外部环境。

生涯成长来自实践活动，请参与以下活动，加深你对本课的认识吧！

综合实践活动一：专业巡礼活动

很多人开玩笑说，现在工作时流下的眼泪，就是当初选专业时脑子进的水，为了避免我们“脑子进水”，先了解各个专业的学习内容和学习要求实在是很有必要的，请参加“彩虹生涯月”的活动吧！

每年高一上学期，我校会邀请西南大学各学院的专家老师们为入学新生进行专业知识讲座。其讲座内容包罗万象，精彩纷呈，快去同你感兴趣的学科专家畅谈理想，请教专业问题吧！

综合实践活动二：大学研学活动

听不如见，见不如做。如果还希望更深入地了解大学和专业，可以参加学校每年组织的研学活动，到各大高校去体验一把准大学生的生活！

在学校组织下，高中入学新生会利用假期到各大高校进行研学活动。在活动中，同学们会看到大学的真实模样，近距离感受大学生活，领略大学文化，并对大学有更直接、更深刻的认识。活动后，同学们会更清楚什么样的大学适合自己，并能更好地投入学习。

第二节 职业世界的未来

我们时常听到刚参加工作的大学毕业生抱怨入错行，从事了自己最不喜欢或最不擅长的工作。为何会有这样的无奈？很多时候，我们的高中生活对课本学习以外的事情较少涉足。如果现在就了解到五花八门的各行各业，认识到不同职业的特点，在选择大学和专业时一定会更加从容、理性，也更可能做出不让自己遗憾的人生选择。

探索活动

一、看描述，猜职业

第一组：

·他整天坐在校门口，目不转睛地盯着校门，力道大得好像在藏宝洞值班。他矮胖，一身制服撑得饱饱的，脸上隐隐透出一股子狠劲儿。

·水深火热、险中之险、烟熏火燎。

·滔滔不绝、煞费苦心、高人一截。

第二组：

·“美女，办卡不？”“帅哥，办卡不？”……“动作不规范，重来！”“不要吃垃圾食品，七分吃三分练！”

·以一般客人的身份入住房间，用手机进行拍摄，洗手间毛巾的条数、花洒出热水的速度、客房床单的干净度、插座的位置和插口的数目，这些信息都要在视频里反映出来。

第三组：

·通常他们会骑辆自行车，车把上挂着装墨水的塑料桶。他们卖的墨水都是自己配的，比商店里瓶装的便宜多了。最明显的标志是上衣口袋上别着四支以上的钢笔。

·他的担子一头是一个小箱子，另一头是一个小炉子。小箱子里有四五个抽屉，里面装了许多小锤子、小剪子、钻头之类的工具，还有许多大大小小的锔子，有铁的，有铜的。这些锔子像是放大的订书钉，两端是细长的尖，光溜溜的十分好看。

·成群结队，其中有兄弟同行，还有父子同行甚至夫妻相随，来到产麦区，寻人雇佣，替人割麦，用汗水换取微薄的收入，以补家庭短缺或寻找生路。

这几组职业分别有些什么特点？看完后，你有什么感受呢？

二、身边人职业分享

你了解哪些职业？在这些职业岗位上工作的人，他们是怎样的状态呢？你最喜欢哪一种职业？请跟你周围的同学分享一下吧！

三、新职业大收集

社会发展变化越来越快，社会分工细，新兴职业不断涌现，这些新兴职业涉及各行业的方方面面，比如时尚行业的“时尚博主”“时尚买手”等。你知道哪些新兴职业呢？据你观察，未来社会还可能会产生哪些新职业呢？

活动链接

让我们一同推开职业的大门，了解多种多样的职业类别，感受层出不穷的新兴职业，从全局俯瞰各类职业的动态发展。

一、职业简述

1. 职业特点

“职业”是指从事社会工作并从中获取主要生活来源的事业。职业就是参与社会分工，利用所掌握的知识技能服务社会，创造社会价值、精神财富，丰富精神世界，获得合理酬劳，满足物质需求的工作。它的六大特点为社会分工、专业技能、创造财富、丰富精神、合理酬劳及满足需求。

2. 职业类别

通常职业类别可以理解为职业和行业两大类型。

对职业类别的认识，可以参见《中华人民共和国职业分类大典》。书中谈到职业可以分为8个大类，75个中类，434个小类，1481个职业。8个大类分别是：以国家机关、党群组织、企业、事业单位负责人为代表的第一大类；以专业技术人员为代表的第二大类；以办事人员和有关人员为代表的第三大类；以商业、服务业人员为代表的第四大类；以农、林、牧、渔、水利业生产人员为代表的第五大类；以生产、运输设备操作人员及有关人员为代表的第六大类；以军人为代表的第七大类及不便分类的其他从业人员的第八大类。这样的分类方式符合国情，被大众认可。

对行业的认识，可以参看《国民经济行业分类》，如想了解更多信息，可以通过网络进行搜索。

二、职业发展动态

1. 职业的未来发展动态

（1）职业对专业技能要求逐渐提高。单纯体力劳动工作或重复机械性工作需求将大大减少，更多的是对知识再加工能力的需求，并向定制化方向发展。

（2）永久性职业在减少。过去俗称的“铁饭碗”职业数量在逐渐减少，更多呈现出以天、小时计件甚至临时计件的工作方式。

（3）职业对文化程度的要求明显提高。许多职业的佼佼者除了经验丰富外，通常都有高学历背景，拥有重点大学研究生、博士生等学历。

2. 热门职业分析

伴随着巨大工作压力，现代上班族对职业的忧患意识强烈，除了关注公司或者企业在本年内的收益回报，还会关注其往后几年的发展势头评估。什么职业受关注度最高？下面让我们来看看近年来的热门职业。注意：这些职业未来是否热门还有待观察。

（1）互联网服务行业。

（2）现代农业。

（3）教育、培训行业。

（4）网络媒体。

（5）移动互联网行业。

（6）手机行业。

（7）心理咨询行业。

（8）健康管理行业。

（9）农业产业。

（10）直营商。

生涯成长来自实践活动，请参与以下活动，加深你对本课的认识吧！

综合实践活动一：周末职业体验

同学们可以利用周末和假期进行社会实践，即职业体验。在该活动中，同学们可以结合自己的兴趣、爱好确定要体验的职业；而后开始累计为期 1~2 周的职业体验活动。通过实际的工作，同学们能感受到工作不易，会更加珍惜自己宝贵的学习时光，并能对职业特点有亲身体验。

请注意，在进行职业体验时，一定要确定是学校或父母推荐的正规职业体验渠道，保护自己的安全最重要！

综合实践活动二：财商体验

学校每年会在缤纷节开展“快乐易物”活动。活动中，以班级为单位，从租借摊位、采购物品及商讨价格、布置店面等全部由同学们自己进行操作。最后的营业所得扣除摊位费后就是班级收入。从活动结果来看，每个班的经营状况不尽相同，营销方式各有千秋。通过这样的活动，同学们更觉赚钱不易，并能对自己未来如何谋生、如何理财有更清晰的思考。

如果你对手工感兴趣，可以把自己制作的手工艺品拿到“快乐易物”的市集上贩卖哦！想想看自己能在其中承担什么任务呢！

第三节　全球视野与时代眼光

导语

当今世界，日新月异。经济全球化、世界多极化不断演变，文化多元交流，信息更新迭代，产业不断更替。我们面对的永远是个全新世界和全新时代。在这瞬息万变的世界里，我们想要做好生涯决策、实现生涯目标，就需要对当今世界的发展趋势、职业演变有基本了解，紧扣时代脉搏，把握时代趋势，应对并适应社会发展变化。那么，当今世界有着怎么样的发展趋势？世界变革中有哪些新业态与新趋势？变化的世界对我们又有着怎样的要求？让我们通过本课的学习，共同探寻答案吧。

探索活动

为了更好地理解国家与国家之间的关系、理解面对时事热点时各国所选择的立场，可以开展“模拟联合国”活动，活动流程如下：

（1）每 3 人为一支代表队，从中选出一位发言人，所有发言都由这一位发言人进行，其余两位同学负责资料整理等事项。

（2）提前 2 周下发议题并且说明每个小组所代表的国家，各小组利用图书馆及网络收集资料，做好准备。议题需结合当下国际时事热点进行选择。

（3）提前 1 周各代表队进行反馈，并确定发言人。

（4）活动现场各流程（示例）。

大会步骤	大会主要说明
点名	该阶段要求确定共多少个国家参会，参会国家的简单多数和三分之二多数是多少。例如： 会议助理 1：尊敬的各位代表，现在会议开始，首先将进行点名。点到名字的国家，请高举国家牌并高声回答“到”。 问完之后，依照字母顺序宣读国家名。 会议助理 1：中国。 中国代表：到。 会议助理 1：中国代表到会。 …… 点名完毕之后，统计到会国家数量，并计算简单多数及三分之二多数。 会议助理 1：点名完毕。共有 20 个国家到会，简单多数是 11 票，三分之二多数是 14 票。
正式辩论阶段	主席：现在进入正式辩论，首先将确定本次会议的发言名单（本次大会要求所有国家都发言）。
确定发言顺序	确定发言名单时，主席随机从国家名单列表里（附上出席国家名单给主席）点选国家，会议助理 1 要记录主席的点选顺序，并将顺序排列清楚后再转交给主席。
正式发言	各国代表发言时间 2 分钟（可能有代表在后期动议更改），在时间剩余 30 秒时，主席叩响桌面提醒代表。 主席：叫到名字的国家请上台阐述本国在本议题上的立场。每个代表发言时间为 2 分钟，我将在时间剩余 30 秒时叩响桌面提醒代表。中国。 中国代表：尊敬的大会主席，尊敬的各位代表，中国…… 会议助理 2 负责计时，当时间剩余 30 秒时，告知主席时间还剩余 30 秒，让主席敲响桌面提醒代表。当时间已经完全结束时，告知主席时间到。 主席：抱歉，时间到。
关于让渡	如果发言国有剩余时间（剩余时间必须多于发言时间的 1/4 以上），启用让渡程序处理剩余时间。 主席：尊敬的中国代表，你还有 40 秒的时间剩余。现在你可以把时间让渡出去。 此时有 4 种情况： （1）让渡给他国 中国代表：中国把时间让渡给巴西。 主席：谢谢中国代表，巴西代表，你有 40 秒的时间陈述。 巴西代表：谢谢中国代表和尊敬的主席，巴西相信…… （2）让渡给问题 中国代表：中国把时间让渡给问题。 主席：中国把时间让渡给问题。40 秒的时间将会有两个国家可以向中国提问，希望提问的国家请高举国家牌。美国。 美国代表：谢谢主席，美国代表请问中国代表……

大会步骤	大会主要说明
	（3）让渡给评论 中国代表：中国把时间让渡给评论。 主席：中国把时间让渡给评论。40 秒的时间将会有一个国家对中国的立场进行评论，希望评论的国家请高举国家牌。日本。 日本代表：谢谢主席，日本认为在这个问题上已经相当明确…… （4）让渡给主席 中国代表：中国把时间让渡给主席。 主席：中国把时间让渡给主席，谢谢中国代表，台下有无问题或动议？ ★注意：所有让渡不得二次让渡
问题或动议	问题或动议阶段，代表依照规则提出问题或动议。 主席：谢谢中国代表。现在中国代表发言完毕。台下有无问题或动议？日本（日本代表等多国举牌，由主席确定谁发言）。 此时共 5 种情况： （1）组织性问题 代表认为主席在会议流程上有失误时提出。 日本代表：问题。日本代表提出组织性问题，主席似乎没有按照发言名单的顺序安排发言。 此时，如果属实，主席承认错误，并进行更正。如果有特殊原因，主席应当解释。 主席：谢谢日本代表，现在我们将回到正确的发言顺序。 或者， 主席：谢谢日本代表，目前英国代表已提出个人特权问题，英国代表将会在回到会场后加入发言名单。 （2）咨询性问题 代表对会议程序不明白时，可以咨询主席。 日本代表：问题。日本代表提出咨询性问题，希望确认我们通过个人特权问题的票数。 主席：谢谢日本代表，个人特权问题不需要投票。台下有无其他问题或动议？ （3）个人特权问题 代表有特殊要求或个人身体不适时，可以提出以求得帮助或解决。 日本代表：问题。个人特权问题，日本代表觉得有些口渴，请问大会能否提供服务…… 主席：谢谢日本代表，大会在场外提供自助的饮品和食物服务。台下有无其他问题或动议？ （4）动议更改发言时间（简单多数原则通过） 日本代表：动议。日本动议将发言时间缩短为 90 秒。 主席：台下有一动议，将发言时间缩短为 90 秒，赞成该动议的国家请高举国家牌。 【投票】 主席：7 票赞成该动议，简单多数为 11 票，很遗憾，该动议未能通过。 ★注意：动议必须经过投票才能判断通过与否，点票工作由会议助理 1 负责。

续表

大会步骤	大会主要说明
	（5）动议暂时中断辩论，进入非正式辩论程序（简单多数） ①有主持核心磋商（注意：动议的主题必须与此次大会的主题有关） 中国代表：动议。中国动议进行10分钟的有主持核心磋商，主题是人类活动在全球变暖中的影响。每个代表发言时间为30秒。 主席：台下有一动议，就人类活动在全球变暖中的影响问题进行10分钟有主持核心磋商，每个代表发言时间为30秒。赞成该动议的国家请高举国家牌。 【投票】 主席：15个国家赞成该动议，简单多数为11票，很明显，该动议获得通过。现在进行有主持核心磋商，每个代表发言时间为30秒，想要发言的国家请高举国家牌。中国。 本次发言每次点选一个国家上台发言，没有提示，时间到直接停止。 主席：抱歉，时间到。想要发言的国家请高举国家牌。英国。 ②自由磋商 中国代表：动议。中国动议进行20分钟的自由磋商。 主席：台下有一动议，进行20分钟的自由磋商，赞成该动议的国家请高举国家牌。 【投票】 主席：19个国家赞成，简单多数为11票，该动议通过。现在进行20分钟的自由磋商。 本次磋商无须组织，20分钟后所有代表回到会场即可。
非正式辩论	非正式辩论是穿插在正式辩论中进行的，通常是在一名代表发言完毕后通过动议提出。包括有主持核心磋商和自由磋商两种程序，细节见上表。
工作文件的提交	工作文件一般是在会议进行到一半或更久时提交（但只能允许在发言流程结束前上交工作文件）。由各国代表选择是否上交（可以选择不上交工作文件，但是这会不利于形成以自己为核心起草国的决议草案）。
重复发言	重复发言到问题或动议的整个流程，直到所有国家代表发言结束。
决议草案的宣读及投票	决议草案是与会代表在会议过程中抽出时间撰写的，并在撰写完成后得到某些国家附议后提交主席团（一般主要是在自由磋商阶段完成决议草案）。 主席团根据提交顺序编号（注意：此次大会只允许不多于3个决议草案上交，并且每个决议草案的起草国至少有2个，附议国至少有4个），并安排起草国代表上台宣读决议草案。宣读后， 主席：现在决议草案1.1已经宣读完毕，主席建议台下代表提出关于决议草案1.1的问题或动议，台下有无问题或动议？如果有，请高举国家牌。 主席：中国。（随机从高举国家牌的人员中点取国家名） 中国代表：谢谢主席，动议。中国代表动议各国进行关于决议草案的10分钟自由磋商。

续表

大会步骤	大会主要说明
	【投票】 主席：19 个国家赞成，简单多数为 11 票，该动议通过。现在进行 10 分钟的自由磋商。 本次磋商无须组织，10 分钟后所有代表回到会场即可。 主席：10 分钟自由磋商时间到，现在开始对决议草案 1.1 进行投票。赞成决议草案 1.1 的国家请高举国家牌。（会议助理 1 统计票数） 主席：反对决议草案 1.1 的国家请高举国家牌。（会议助理 1 统计票数） 主席：剩余没有投票的国家代表默认为弃权。 会议助理 1 统计并将票数结果转交给主席。 主席：共有 10 票赞成，8 票反对，2 票弃权。三分之二多数为 14 票，很遗憾，决议草案 1.1 未能通过。现在将对决议草案 1.2 进行投票，赞成决议草案 1.2 的国家请高举国家牌。 ……
重复宣读决议草案	重复上述宣读决议草案的整个流程，直到全部提交的决议草案宣读结束。 说明：只要其中一份决议草案通过，那么剩余的决议草案将会作废，并且模拟联合国大会正式结束。

活动链接

一、全球化的世界

美国经济学家弗里德曼的代表作《世界是平的》告诉世人“世界正被抹平”。当代世界正在发生着重大变化，科技和通信领域如闪电般迅速地进步，使全世界的人们可以空前地彼此接近。这是一个经济、文化、信息不断全球化的世界。

1. 经济全球化

当今世界全球联系不断增强，全球意识也不断崛起，但全球化归根到底是以经济为核心的全球化。面对世界经济的复杂形势和全球性问题，任何国家都不可能独善其身，国际社会日益成为一个你中有我、我中有你的“命运共同体”。

2. 文化全球化

全球化不仅局限在经济领域，伴随着各国的经济联系不断加深，不同区域的文化彼此交融、扩散、叠加。在中国，我们依然可以品尝到国外品牌的原汁原味的咖啡，下班之后部分上班族可能走进健身房学习拉丁舞或者做瑜伽；在美国，孩子们可能在家长的引导下，学习汉语与书法；在欧洲，伊斯兰风格的建筑越来越多。文化的交融过程中，难免会有文化的适应过程，甚至有文化冲突，我们应当坚守并发扬自己的传统文化，同时以自信、积极、开放、包容、理解的心态面对世界各国、各地、各民族的灿烂文化，培养我们的全球意识。

3. 信息全球化

一根网线，我们即可联通世界。我们常说，当今时代是信息的时代，信息成为越发重要的社会生产要素。信息让整个世界的经济、文化、政治联系更加紧密。同时，信息全球化的发展，也催生了众多新业态。2016 年，国内互联网领域，从业人数已达 1677.2 万。数据挖掘工程师、网络工程师、数据库管理员、交互体验设计师等新兴职业如雨后春笋般涌现，伴随全球化的发展，远程办公等也方兴未艾。因此，信息全球化让我们未来进行职业选择时有了更多空间和方式，也给我们带来新的挑战。

面对全球化的世界，我们需要不断提升自己，扩展自己的全球视野，有针对性有意识地阅读、积累，这样才能更好地迎接全球化的世界，并在全球化的浪潮中抓住机遇，打造自我。

二、全球化下的我们

在全球化的背景下，时代需要什么样的人？国家需要什么样的人才？社会和企业需要什么样的职业人士呢？很多国家提出了面向 21 世纪的核心素养教育，我国启动的新一轮课程改革也将核心素养培养作为重要目标。

2016 年，世界教育创新峰会 (WISE) 与北京师范大学中国教育创新研究院在北京共同发布了《面向未来 :21 世纪核心素养教育的全球经验》研究报告，对全球 21 世纪核心素养教育经验进行探讨。报告对各素养在不同国际组织和经济体中的分布状况进行了分析，发现：沟通与合作、创造性与问题解决、信息素养、自我认识与自我调控、批判性思维、学会学习与终身学习等素养为各国际组织和经济体高度重视。

教育是社会的产物，也需要服务于社会的发展。正是因为全球化背景企业和世界对人才能力的需求，才出现了众多国家、组织对素养要求的一致性。作为中学生，我们也应当学习并培养自己的相关素养与能力，尤其可以重点从以上提到的“沟通与合作、创造性与问题解决、信息素养、自我认识与自我调控、批判性思维、学会学习与终身学习”等方面进行自我培养。具备以上素质的人，在他们人生发展过程中，会更加注重自我打造与终身成长。他们进行职业选择时不会盲从，他们清楚职业的要求，清楚自己的兴趣、优势，了解自己的不足和劣势，能够合理选择自己的职业，能够通过合作来化解问题，并努力规避风险。

作为中学生，我们该如何做好准备，该如何培养自己？这应当从我们的日常生活的点滴做起。

1. 家国天下，事事关心

作为中学生的我们，正是开阔眼界和培养信息素养的关键时期。我们应当充分利用身边的有用信息媒介，积极了解身边的、生活中的、地区的、国家的、世界的动态，尤其是利用互联网这一平台，学会筛选与调用有用的、真实的、权威的信息，增强我们的跨文化理解与国际理解能力。例如，可以了解我国近些年的大政方针政策，可以了解教育部和意向高校的招生政策与动态信息，了解世界主要国家的基本国情与动态。

2. 丰富阅读，塑造灵魂

有人说，一个人的精神成长史，就是他的阅读史。北宋大诗人欧阳修有一句名言：立身以立学为先，立学以读书为本。作为青少年的我们，面临的世界如此浩瀚，知识广博浩渺，只有多阅读，才能扎稳我们未来成长与发展的根基，才会在开阔眼界后让我们少一些自负，多一些对世界的好奇与敬畏。尤其对于需要培育国际视野的我们，要重视对古今中外的经典名著的阅读，既能欣赏我国的古今名著，也能理解和感受西方的思想与文化。年少的我们，读书可能如同管中窥豹，难以获得全知，但正是在一本本好书的哺育下，我们的精神才得以蓬勃成长。

在我们的校园中，每层教学楼均设置有书吧，每个班级均有读书角，图书馆一年四季不论寒暑假都照常对同学们开放，这些都是我们宝贵的资源，是我们应当珍惜和重视的。放眼世界，当从阅读开始！

3. 勇敢超越，合作担当

作为青少年的我们，处在自我意识发展的关键时期。这个时期我们非常关注自己的外貌和体征，非常重视自己的学习能力以及学习成绩在团队中的位置，十分关心自己的人格特征和情绪特征。因此，有些时候我们在同学中、班级内，很怕展现自己，既害怕自己的缺点和不足被暴露和放大，也害怕处理不好和同学的关系，甚至和同学产生冲突，进而倾向于封闭自己，停留在自己的舒适圈内，不愿积极与同学交流、参加社团活动，抑或不愿参加班干部竞选、不愿在学生会任职等。

这种青春期的敏感与焦虑是我们成长过程中难免的，更是我们要去勇于面对和正视的。而最好的办法，则是正视自己的这种心态，突破舒适圈，积极地锻炼自己，培养自己与同学、老师、家长的相处能力，在交流中学会和团队中的同学、同伴合作，在合作中积极发挥自己的作用。在需要我们挺身而出时，我们要勇敢地代表团队、班级，去担当并贡献一份力量。在这个过程中，我们必将收获经验、教训并不断成长，打造更好的自己。

4. 实践考察，研学锻炼

“纸上得来终觉浅，绝知此事要躬行。”我们都知道，实践出真知，对真实的社会经济生活、对心仪的高校、对世界文化的认识，莫过于自己去亲历，去体验，去考察。因此，我们有必要利用自己的周末、假期，尝试进行勤工俭学、社会实践、研学旅行等，充实自己的认知。尤其在扩展国际视野上，我们也可以利用学校已有的资源，积极结识每年到访附中的加拿大温莎大学的实习教师，并积极与老师交流，增进对不同文化的了解。

校本实践

生涯成长来自实践活动，请参与以下活动，加深你对本课的认识吧！

综合实践活动一：模拟联合国

欢迎参加附中的优质社团——模拟联合国社，附中学子多次参与重庆市与全国模联组织的活动。模拟联合国，主要是青年学生们扮演不同国家或其他政治实体的外交代表，参与围绕国际上的热点问题召开的会议；代表们遵循议事规则，在会议主席团的主持下，通过演讲来阐述观点，为了“国家利益”辩论、磋商、游说。他们与友好的国家沟通协作，解决冲突；通过写作决议草案和投票表决来推进“国际问题”的解决。

在社团活动中，你会对国际关系有更多的认识，也会在与其他同学的交流中拓宽视野，训练思维与表达，英文能力也能得到提升。

综合实践活动二：学生会竞选

我们的学校，不仅有校级学生会为全校同学服务，同时每个年级也有以“服务同学，锻炼自我”为目标的年级学生会。你身边有担任学生会职务的同学吗？可以请他（她）分享加入学生会的原因吗？在学生会中，获得了哪些成长？如果有机会，你也愿意参与班级干部或者年级学生会的竞选吗？

综合实践活动三：国际研学

附中国际部每年都会在寒暑假开展国际研学活动，以此丰富学生见识。学生可以访问英国、美国等国的名校，居住在寄宿家庭，并走进当地的中学课堂，感受当地的文化教育。我们身边有同学或者老师有国际研学的经历吗？可以请一位同学或者老师分享国际研学中的收获吗？

第四节　我为何而工作

导 语

我们大多数人，都是平凡的，却并不平庸。每个人都有着自己不同的出生环境、性格与命运，但人的共性也是存在的。人的一生都有着相似的成长与发展路径：从出生的嗷嗷待哺，到童年的无忧无虑，到小学懵懂的求学过程，随后迈入中学继续求学和成长，然后进入大学为进入工作世界做准备，之后，我们的主要人生都与工作相关，直到退休。当人们感叹着“工作好辛苦”时，作为中学生的我们，有没有想过人们为什么要工作？选择工作时，我们更看重什么价值呢？

探索活动

一、寻找工作之锚——了解自我的价值取向

工作的意义，不是自动生成的，而是由我们自己赋予和主宰的。因此，我们首先应当反求诸己，向自己探寻工作的意义与价值。

1. “猜猜你我他”

规则：（1）在卡片上写出5个简短句子或关键词，描述你自己。

（2）教师收集这些卡片，并请全班同学猜猜某一张卡片指向谁。

其实每个人都有自己为大众所知道的一面，也有很多自己知道而别人不知道的一面，同时也有别人知道自己却不清楚的一面。据此，我们可以掌握一个认知工具：自我认知视窗。

自我认知视窗

通过这个工具，我们可以更加清晰地认知自己。对自己的认识，尤其对“潜能我”的认识，会极大影响我们的职业选择与职业自信。只有我们更清楚地认识自己，才能更

好地认识到工作对于我们的意义。

2. “墓志铭”——你将如何概括你的一生?

“墓志铭”往往是记录人们一生最看重之事、之物的文字。下面是一些经典的墓志铭，请读读看，并请想象：如果我们的一生已至终章，回望过去一生，你会怎样为自己撰写墓志铭呢？什么是你最看重的价值呢？

· 伏尔泰，这位《哲学通信》的作者，顺理成章地在专门迎葬伟人的先贤祠里占了一“席”，并受到这样的赞美：“诗人、历史学家、哲学家，他拓展了人类精神，并且使之懂得它应当是自由的。”

· 德国数学家鲁道夫花了毕生的精力，把圆周率计算到小数点后35位，是当时世界上最精确的圆周率数值。在他的墓碑上就刻着他计算出的含35位小数的圆周率。

· 法国生物学家巴斯德的墓碑上刻着许多小鸡、小羊、小狗和被鲜花簇拥的孩子。

二、了解哪些工作符合我们的价值取向

请通过生涯人物访谈、职业体验、职业访谈等活动，去寻找最符合你心中价值取向的工作。

活动链接

一、工作的三重境界

著名国学大师王国维说过读诗词的三重境界：第一重是“昨夜西风凋碧树。独上高楼，望尽天涯路”；第二重是“衣带渐宽终不悔，为伊消得人憔悴”；第三重是“众里寻他千百度。蓦然回首，那人却在，灯火阑珊处”。事实上，我们的工作也有类似的三重境界，而正是在我们对工作的不断认识中，我们不断地为自己和工作间的关系寻找定位。工作的第一重境界是“工作即工作”；第二重境界是“工作是职业”；第三重境界是“工作是事业”。

第一重境界——“工作即工作”。身处这一层次的人，只是为了薪水而工作，这没有什么不对，只是并不期待从中得到其他的东西，工作只是达到养家糊口、成人自立的基本手段，没有薪水我们必然不会去坚持。

第二重境界——“工作是职业”。身处第二层，表明一个人对工作有着更深的投入，他不仅获得了薪金来安身立命，同时也通过财富的积累、不断的升迁彰显成功与成就，在这个过程中收获自我认知与认可，并在这个过程中不断扩大自己的公开象限与影响

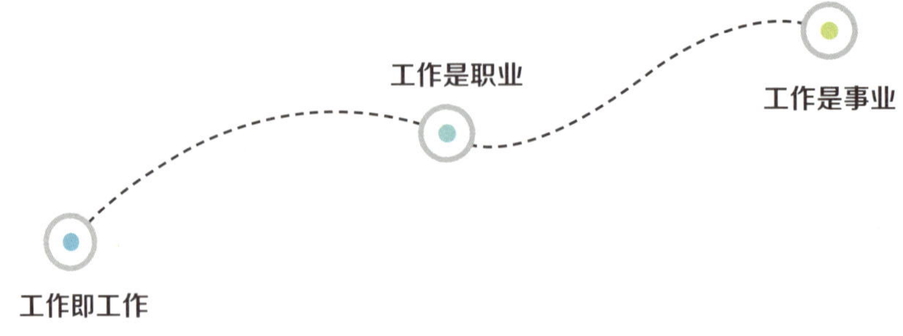

工作的三重境界

力。就如同一位大学的普通助教，通过逐步从助教变为讲师，由讲师转为副教授，副教授转为教授，探寻并塑造自己的意义。

第三重境界——“工作是事业”。身处这一认识层面的人，对他而言，工作让他充满热情。事业导向的人一般都会高度认同自己的职业，并赋予工作极高的价值感、使命感、道德感。这种感觉本身就会带来成就感。这种价值感、使命感、道德感与薪水无关，与职位升迁无关，而与自我实现紧密相关。在以前，可能只有非常有地位、体面的工作才可以成为事业，比如“作家”“政治家”“科学家”“医生”等等，但现代社会，任何工作都可以成为事业，任何事业也都可能变成只是工作。一位科学家可以把科研看成是工作，只对发表文章感兴趣；而一位清洁阿姨，可以把她的工作看成是让校园甚至世界更卫生、更美丽的事业。

亲爱的同学们，你更希望自己身处哪一层呢?

二、审视工作的价值

1. 立足社会，感受世界

著名的人本主义心理学先驱、个体心理学的创始人阿德勒说过，人的一生要处理好三种关系，分别是：人与地球的关系，人与社会其他成员的关系，两性间的关系。

而在这些关系中，首要的就是人与地球的关系。我们都生活在地球这颗美丽而脆弱的行星上，我们需要在自己所处自然和社会环境给定的限制下生活与成长，找到一份职业，安身立命，这是我们工作的最基本的底线性原因。而人类是群居性、社会性动物，在漫长的历史演化过程中，随着人类生产力水平提高，社会化分工不断发展，每个人都可以、都应当在复杂的社会系统中找到一份安身立命的工作的同时，让社会这个系统有效地运转，为人类文明贡献自己的一份力量。

2. 经营家庭

家庭，以婚姻和血缘为纽带的基本社会单位，包括父母、子女及生活在一起的其他亲属。家庭和各种社会系统一样，有自己存在、运行的规则和需求，在每个家庭中，每个人都有着自己的角色与分工。

作为父亲或母亲，其主要的角色是物质提供者和精神、行为示范者，而这些都需要以参加社会化的工作分工为保障。首先，父亲、母亲需要通过工作为家庭提供基本物质支撑。现代中国，很多家庭父母双方均拥有工作，他们都在努力通过付出劳动获得支撑家庭的必要金钱与资源，为孩子的成长提供基本保障。同时，父母对孩子的精神、行为示范，也需要通过父母在工作中进行社会交往、社会实践，才能更好地引领孩子的成长。孩子需要学会如何扮演男人或女人的角色；学会在未来社会中如何扮演丈夫或妻子的角色以及父亲或母亲的角色；也在学习如何培养合作关系，学习如何做个正常、健康、有价值的人。

作为中学生的我们，也将会随着年龄的增长不断被赋予新的角色，因此我们首先要认识到自己现在的角色与身份，经营好现在，同时也积极为未来的新角色做好准备。

3. 成长自己

当我们还是懵懂幼儿时，我们学习走路、说话，可能会跌倒，可能会说错话，但我们可能不会也不知道什么叫害怕与丢脸，于是我们学会了走路、学会了说话。但，伴随着年龄的增长，我们懂得越多，却担心和踟蹰不前得越多。这是为什么？因为，我们认为我们已经长大，不应再犯错；因为我们忘记，成长是一辈子的事情，它与年龄无关。我们要知道，人一生中，最可怕的事情不是别的，而是停止成长，拒绝成长。所以，我们要抱着成长的心态去经营自己，去经营自己的人生，去塑造自己的世界和未来。

而工作，恰好给我们提供了这样一个宝贵的平台。工作，首先给了我们认识自己的可能。初入职场的人，常常谨小慎微生怕出错，但随着自己的能力不断增长和对自己在工作中能力认识的加深，每个人都可以更加清晰地认识到自己的长处和不足。在这个过程中，我们可能会收获友谊、爱情，收获认可与赏识；也可能会出错碰壁，甚至因此丢掉工作需要从头再来。但正是在这个过程中，我们不断地认识自己，锻造自己。工作，也给了我们发展自己的可能。每日的工作看似平凡，但挑战随时都有，有时挑战我们的时间管理能力，有时挑战我们的人际协调和沟通能力。正是通过这些挑战，我们才能不断提高自己的能力，在这个过程中不断提升自己、成长自己。而这些，都不是宅在家中、什么都不做所能带来的，所以我们可以说，工作使我们变得更好。

生涯成长来自实践活动，请参与以下活动，加深你对本课的认识吧！

综合实践活动一：小先生讲座

学校常常举办小先生讲座，比如每年缤纷节，很多同学深入学校各个年级，走上讲台成为“小先生”，为大家带来电子竞技、经济学、垃圾分类等不同主题的精彩讲座。这些同学准备讲座、开展讲座的背后，是他们在调查、探究相关主题，是在锻炼自己研究、调查、表达、沟通的能力，这对培养自己的学习力、研究力、表达力、合作力大有裨益，对进入大学和职场也提供了宝贵的经验。你愿意结合自己的专长为班级同学奉献一场“小先生讲座”吗？如果有机会，你想和同学们分享什么主题内容呢？

综合实践活动二：社区服务工作分享

每个学期，学校各年级、各班级会倡议、组织同学们利用寒暑假，开展形式多样的社会实践活动，其中很多同学选择的就是进行社区服务。他们可能走进孤寡老人家中，为他们做清洁、梳头、做饭；可能和志同道合的同学一起为社区的长辈们进行才艺表演；抑或在社区工作人员的指导下，进行统计与调查工作。你做过社区服务吗？可以分享下你的故事吗？

第三单元 生涯自立

成长，是从关爱荫庇下的蹒跚学步，到一个人独自负重前行的过程。在我们对自己和外界有更深的认识后，便开始自我约束、自我引导、自我完善，向自己的目标进发。哲学家说，我知道生活的意义是什么，所以我能忍受任何一种生活。当我们开始思考自己活着的意义，并懂得从看似平淡的生活中创造意义时，我们的自立之路就已开启。

自立阶段的我们，渴望由自己做出选择，由自己承担选择之后的结果，以确定自己对生活的掌控感。那么，如何更好地做出选择？如何通过自我管理过好我们的生活、达成我们的目标？当我们谈“自律”时，我们实际上在谈些什么呢？本章，我们将一同学习如何达成生涯自立，走好我们的生涯之路。

第一节 选择的技巧

美国诗人罗伯特·弗罗斯特在《未选择的路》中写道："一片树林里分出两条路——而我选择了人迹更少的一条，从此决定了我一生的道路。"

人生无时无刻不在做选择，而有些选择往往决定了我们的一生。对于刚刚进入高中阶段的你来说，一年后即将面临分科抉择。选科一旦确定，就决定了高中学习的整体规划，并且在更大程度上影响了未来人生的全局规划。因此，如何通过规划做出适合自己的选科尤为重要。你知道怎样做选择吗？如何尽可能地不后悔呢？

探索活动

模拟"3+1+2"选科

2019年，教育部公布了河北、辽宁、江苏、福建、湖北、湖南、广东、重庆8个省市的"3+1+2"新高考选科方案。该模式中"3"指统考科目语文、数学、外语，以原始分计算成绩。"1"为考生必须在物理、历史中选择1科；"2"为再选科目，考生可在化学、生物、政治、地理4个科目中再选2科，这2门学科按照等级赋分计算成绩。

请同学按照"3+1+2"高考模式要求，慎重列出适合自己的组合。

活动准备：学生学业成绩表、利弊平衡单。

1. 请用下面的两个表格帮助自己做出选择。

高一阶段四次重要考试成绩排名

科目	物理		化学		生物		历史		政治		地理	
	成绩	排名	成绩	排名	成绩	排名	成绩	排名	成绩	排名	成绩	排名
高一上期中												
高一上期末												
高一下期中												
高一下期末												

注：选出自己最擅长和最不擅长的学科。

决策平衡单（分值 1—5）

决策因素	物理	化学	生物	历史	政治	地理
学科优势						
兴趣爱好						
专业要求						
职业倾向						
他人建议						
家庭资源						
总分						

2. 请根据上面的两张表做出初次选择的组合，并说一说自己做出选择的原因。

我的组合	选择的理由

一、选科组合解读

依据新高考要求，一共有 12 种学科组合，12 种组合下考生可报考专业范畴不同。各省市已发布高考专业选科要求，以重庆市为例：

重庆市普通高校本科招生专业（类）必选科目统计

招生专业（类）数							
总计	必选物理	必选历史	物理或历史	必选化学	必选生物	必选地理	必选政治
23907	11667	616	11624	2338	275	78	335

（截至 2019 年 9 月，以上数据来自 51 选校生涯规划网站）

根据统计结果，在重庆市全部 23907 个本科招生专业（类）中，对“首选科目”，要求必选物理的有 11667 个专业（类），而要求必选历史的只有 616 个专业（类），其他 11624 个专业（类）则对物理和历史没有要求。换句话说，若选择物理，可以报考绝大部分专业（类），而选择历史也可以报考近半专业（类）。

对“再选科目”，要求必选化学的有 2338 个专业（类），必选生物的有 275 个专业（类），必选地理的有 78 个专业（类），必选政治的有 335 个专业（类）。可以看出在“再选科目”的四个学科中，要求必选化学的最多，地理的最少。

重庆市普通高校本科招生专业（类）覆盖率

选考组合	招生专业（类）覆盖率	选考组合	招生专业（类）覆盖率
物化生	95.22%	史化生	48.51%
物化地	95.21%	史化地	49.50%
物化政	95.34%	史化政	50.09%
物生地	86.58%	史生地	48.59%
物生政	86.68%	史生政	49.23%
物地政	81.05%	史地政	48.63%

（以上数据来自 51 选校生涯规划网站）

由上表得出以下信息：招生专业覆盖率最高的是“物化政”组合，高达 95.34%，覆盖率最低的是“史化生”，只有 48.51%。若“首选科目”选择物理，可以选择 8 成以上的专业（类），若选择“物理＋生物”，可选择范围提高到 86% 以上，而若选择“物

理 + 化学”，可选择范围则进一步提高到 95% 以上。

大数据表明，新高考“3+1+2”模式中选择物理还是历史，一定程度上确定了未来专业方向是偏文还是偏理，因为大学学科的要求依然有明显的文理区分。比如，如果没有选择物理的话，原则上就没有办法报考数学类、机械类、电子信息类、计算机类、软件工程类、土木类、临床医学类等理工专业，有些学校甚至对设计类、统计类、工商管理类也提出了物理或化学的必选要求。但也有某些学校的中医专业不要求学生选物理。

某种组合专业覆盖率高意味着你或许有更多的选择，但每个人都需要根据自身的情况做出选择，毕竟，于同学们而言，在大学只能选择一个专业就读，能否进入大学的门槛才是第一位的，适合自己的才是王道。

二、如何正确决策

信息是决策的基础。决策应建立在掌握大量信息的基础之上。信息越广泛，越深入，越切合实际，决策的准确性越高。对于任何事情，不要轻易以一次观测，一次听说，一次了解就匆忙下结论。多一些角度，多几个方面去了解才能得出更为符合实际的认识。从下面的案例中，你会对如何决策有更深的认识。

你家有几头牛？

一个同学从内蒙古到广州读书，大学一年级的时候，他说：现在读大学真贵，家里杀了头牛，好不容易凑齐学费。大家感觉他家生活很拮据，纷纷给他捐款。大二的时候，这个同学又说：现在读大学真贵，家里又杀了头牛，好不容易凑齐学费。大家再一次感觉到这位同学家里的困难，又慷慨解囊，给他捐款。大三的时候，这个同学还说：现在读大学真贵，家里又杀了头牛，好不容易凑齐学费。大家感觉他家人的生活真是困难得不得了，又一次热情地捐款给他。到了大四的时候，这个同学还是说：现在读大学真贵，家里杀了头牛，好不容易凑齐学费。这时有个同学问他：你家里怎么老杀牛啊，家里到底有多少牛啊？这个同学说：我也不知道，大概几百头吧。原来，南方的同学是按照自己的生活经验做判断：因为在南方，一户人家一般养一头牛，牛杀了卖钱来上学，表示家里的确困难；而内蒙古的人，许多家里都有成百上千头牛……

这个小故事告诉我们，在信息不充足、不对称的情况下，按照自身经验会导致巨大的判断差别。

掌握 7 条选择法则：

1. 信息充足：在可知的范围内，尽量全面搜集掌握相关信息，如了解自己、大学、专业与职业，以及高校招生专业选科要求、本省高考录取率、往年大学录取分数等。
2. 综合平衡：综合优势、兴趣、专业、职业等因素权衡利弊判断。懂得计算机会成本，不仅考虑自己得到了什么，还要考虑放弃其他选择可能导致的损失，从而达到利益最大化。
3. 结果预测：对未来的发展趋势有估算，预计多种风险，考虑到选择有可能带来的最好情况、最坏情况和最有可能产生的情况，并做好应对准备。
4. 独立思考：警惕从众心理，保持独立思考，不要盲目跟风、人云亦云。
5. 长远规划：不要因为害怕暂时的困难，而不敢对未来有所期待，要勇于挑战，打破学习舒适区，做长远规划，积极扩展选择的空间。
6. 适度冒险：当你不知道如何做出选择时，不妨提前做一次实验性的小冒险，根据自己的兴趣和职业期待先做出选科，如果经过一段时间的学习，发现自己实在不具备某些学科思维，要立刻考虑调整科目。
7. 及时止损：经济学有个概念叫“沉没成本”，就是不要让已付出的成本，影响到我们继续去做正确的事。早一点发现、制止错误，就可以避免一错再错。

三、正确看待选择

杨绛说：“走好选择的路，别选择好走的路，你才能拥有真实的自己。”

重视你的选择，每一次的选择都是一次自我雕琢，人生每一步都算数。当然人生没有完美无缺的选择，都是在权衡利弊之后，做出的相对正确的选择。选择不是终生不变的，人们可以根据实际情况做出调整。商业传奇人物马云从大学老师到商界大亨再到乡村公益教师，也是在人生路上不断探索，不断选择，最终成就了自我。对于目前的高中生来讲，一旦学科确定，尽量不要中途换科，否则会增加很多学习和精神压力。

电影《无问西东》有句台词说：“爱你所爱，行你所行。”勇敢追求你所选择的，不要轻言放弃。无论你最终选择的是什么，都请不要退缩。愿你勇敢接受失败，但却时刻保持微笑，永不放弃。正是一个又一个的选择成就了未来的你。有人说，你有多优秀，你就有多自由。高一整个学年同学们应该全面发展自己，培养广泛的爱好，不偏科，全情投入，尽力挖掘自己的潜能，掌握更多的选择权。没有人可以定义你自己，除了你自己。愿你此生辽阔高远。

校本实践

生涯成长来自实践活动，请参与以下活动，加深你对本课的认识吧！

综合实践活动：职业生涯访谈

每年假期，同学们都会有一项假期作业——进行人物职业访谈。通过对自己身边不同行业从业人士的职业访谈去深入认识各类职业特点。通过这样的活动体验，同学们可以更好地选择适合自己的职业，并将其作为进行大学和专业选择的参考依据。

你有感兴趣的职业吗？如今这么多新兴职业，你知道它们都是干什么的吗？试着找到从事相关职业的人，对他们进行采访吧！

第二节　生活管理

导 语

无数成功者证明，一个人的成功来自彻底的自我管理和优秀的习惯。我们要学会经营自己的生活，不是天天混日子，也不是天天熬日子，而是天天享受日子。“不要被教条所限，不要活在别人的观念里。不要让别人的意见左右自己内心的声音。最重要的是，勇敢地去追随自己的心灵和直觉，只有自己的心灵和直觉才知道你自己的真实想法，其他一切都是次要的。”当我们的内心对生活怀抱热望和期待，就会努力设法管理好、过好自己的生活。

一个好的生活管理者，有了自主性，身心皆可以得到安顿。即便日常学业繁忙，依然可以做到自信从容，气定神闲。那不是外表的“假精致”，而是源自骨子里、内心灵魂深处的精神自立，优雅从容，游刃有余。具体表现为做事有主见，时间安排合理，行动有计划，身体健康，精神愉悦，与他人保持良好的人际关系。

探索活动

一、彩虹影院

观看电影《激战》片段，然后说一说张家辉扮演的退役拳击手为什么能够重新站到拳台上，最终达成自己的目标。请在方框中列出他成功的因素。

一个目标的实现，往往需要我们对自己和自己现有的资源进行管理。在《激战》中，拳击手对自己的生活进行管理，无论身体还是精神状态都达到了一个巅峰，也使得荧幕外的我们受到了鼓舞。

如果是你，你的哪些特质可以帮助你完成这样的壮举？

二、自我管理评估

下面这个表格的内容将有助于你观察自己是否是一个良好的自我管理者。

中学生自我管理量表

1. 除老师布置的作业外，你还会写文章之类的来练笔。
2. 你很少认识同一年级不同班级的同学。
3. 你喜欢把知识分类整理来进行记忆。
4. 你能意识到自己取得的进步。
5. 你对自己的学习成绩感觉如何？
6. 你喜欢和学习成绩好的同学交流学习方法。
7. 你不喜欢把今天的学习任务拖到明天去完成。
8. 你每天早上醒来就会想一天要做的事情。
9. 正在做明天要交的作业时，同学来找你玩，你会怎么做？
10. 你通常都是班级聚会的主要组织者之一。
11. 考试前你常出现头疼或呕吐的情况。
12. 考试来临你才会绷紧神经学习。
13. 你经常通过写信或上网来和同学联系。
14. 你认为由于你的不努力，你学习上仍然有进步的空间。
15. 面对自己的好成绩你会给自己一些奖励。

16. 你积极参加班级和学校的干部竞选。
17. 你有很多业余爱好。
18. 特别生气时你通常无法控制住自己不爆发。
19. 你会非常认真地做课后的练习题和配套的练习册。
20. 遇到不顺心的事情你的心情不好而且难以摆脱。
21. 你参加聚会时通常不喜欢成为众人注目的焦点。
22. 你组织活动前喜欢做详尽的计划。
23. 你下定决心的事就一定能做好。
24. 考试前你会通过适当听音乐或看电视来放松心情。
25. 课堂上你发言总是不太积极。
26. 班级来了新同学你可以比较快地和他（她）建立联系。
27. 你经常不确定自己该学些什么了。
28. 你在同学中很有威信。
29. 每次开学时你都会做好一学期的学习计划。
30. 你感到你有很多该做的事情没有做好。
31. 别人对你的能力提出怀疑时，你会对自己说“我能行”。
32. 你能很好地控制自己的情绪。
33. 你会在薄弱的科目上投入更多的精力。
34. 考试失败后你会寻找各种原因来平衡心理。
35. 你愿意在班会上对班级管理提出合理化建议。
36. 在抄写老师的解题步骤前你会先整理好思路。
37. 你的假期作业通常在假期的最后一周完成。
38. 你有计划在课余时间掌握一门课外技能，比如弹吉他或游泳。
39. 你只会在你感兴趣的科目上花费更多的精力。
40. 你会在学习中遇到问题时查阅很多资料。
41. 遇到疑惑的题目你会主动找老师或同学询问。

（摘自孟冉、高杨、万颖莹等人的《中学生自我管理量表的编制与常模制定》一文，并根据学生使用情况有一定删改）

利用中学生自我管理量表观察自我

中学生自我管理量表的三个分量	具体考察维度	对应题目
社会性管理	交流能力	2、6
	自我表现	16、21、25、35
	人际关系	13、26、28
	组织能力	10
	第二技能	1、17
知识时间管理	研究能力	22
	资源运用	19、40、41
	时间计划	7、12、29、37、38
	任务分配	8、27、30、33、39
	知识整理	3、36
心理健康管理	自我激励	15、31
	自我效能	4、5、14、23
	自我调适	11、20、24、34
	自我控制	9、18、32

此量表没有具体得分，同学们可以根据以上问题的回答观察自我在社会性管理、知识时间管理、心理健康管理三方面的情况。

你觉得自己是一个好的自我生活管理者吗？需要在哪些方面改进呢？

成为生活的主人

如何成为自己生命的摆渡人，管理好自己的生活呢？同学们可以尝试从以下角度培养自己的自律自立能力。

一、体质健康管理

研究表明，目前中学生身体状况不容乐观。教育部网站公布的第6次全国多民族大规模的学生体质与健康调研结果显示，超重及肥胖学生明显增多；学生视力不良检出率仍然居高不下，高中生接近八成；部分身体素质指标持续下降，比如我国学生的爆发力、力量、肺活量等；身心健康相互影响，身体素质影响了学生的心理素质和思维能力，消极情绪平均分在增长。

爱默生直言："健康是人生的第一财富。"有人把健康比作数字"1"，事业、金钱、爱情等其他成就比作"0"，没有了1，再多的0都将失去意义。对于高中生来说，一个健康的体魄是所有努力奋斗的基石。这一点同学们应当深有体会，当身体疼痛不舒服时，大多数人根本无法坚持学习。如果因为身体而影响考试的发挥，更是得不偿失，甚至会留下遗憾。

那么该如何进行身体健康管理呢？

首先，要学习健康知识，懂得基本的生活常识，培养独立生活的能力。比如及时应对天气的冷暖变化，适当增减衣物；春冬流感季节，常备一些预防药物，避免去人多聚集处，出门戴好口罩；勤洗手，勤消毒，做好个人清洁和卫生。夏季饮食不要贪凉，不要喝过多冷饮，尽量不喝碳酸饮料；运动完不要直吹空调，及时用毛巾把汗水擦干；等等。一个在生活上自立的人，也一定是一个可以勇敢面对风吹雨打的生活强者。

其次，养成健康生活习惯，杜绝不良嗜好。按时起床、睡觉，不熬夜。一日三餐饮食规律，定时定量。荤素搭配均衡营养。吸烟、饮酒会降低人的免疫功能，中学生务必戒烟戒酒。青春期的男生女生更要有自爱意识，保护好自己，约束不良行为等。平时生活，注意仪容仪表，衣服整洁，不烫发、染发，不化妆，不打耳钉，行为举止自然得体。

再次，要坚持运动。运动锻炼要符合自身实际情况，强度适宜。体育锻炼不仅可以强健人的体魄，还有助于激发坚强的意志力。锻炼不可三天打鱼两天晒网，重在坚持。长久的坚持能更好地锻造人的拼搏精神。

二、心理健康管理

联合国世界卫生组织给健康下的定义是“健康不仅仅是没有疾病或不虚弱，而是身体上、精神上和社会适应方面的完美状态”。身体健康只是一方面，而一个人健康与否还要从心理健康和社会适应能力方面综合评价。中学生心理压力大，自然会产生紧张、焦虑、消极等悲观情绪。如何调节好自身心态呢？

1. 感知、认识情绪，正视自我真实情绪

这个世界没有完美无缺的人，正确对待自己的优缺点。认可接纳自己的一切情绪。

2. 学会倾诉，及时沟通表达，寻求开解

当局者迷，旁观者清。遇到困难或麻烦可以找自己信赖的老师或同学寻求帮助，有必要可以咨询专业的心理老师。

3. 心态积极，处事豁达

很多时候我们局限于单一视角，不能全面看待问题，喜欢钻牛角尖。不过，看待事情应多从积极的一面考虑，积极的心态会有好的暗示作用。遇到难题，尽量不抱怨，相信解决方法总比问题多。

三、生活时间管理

罗曼·罗兰说：“生活最沉重的负担不是工作，而是无聊。”不要让自己的生活在网络小说和虚拟游戏中虚度，你可以过一种更有意义的自主生活。每个人都是自己的命运建筑师。

生活管理落在实处就是时间管理。你如何分配你的学习时间、睡眠时间、吃饭时间、业余时间？当一切行动在你心中很了然时，你会感觉效率大幅提升。至少在忙碌的学习之余，你的生活看起来没有那么亦步亦趋，随波逐流。

1. 控制手机使用

和父母、老师达成协议，约定使用手机的具体时间，明确用途，请老师或家长监督，培养自我管理手机的能力。

2. 树立时间观念

列一份每日学习生活时间清单。《中国诗词大会》第三季冠军雷海为是一名外卖送餐员，虽然工作很忙碌，但是他给自己制订了时间计划，他在送外卖时学习诗词，送完一单就背一首诗词。他一路杀出重围，最终他勇夺冠军，这依靠的就是长时间的坚持学习。

3. 计划提升效率

凡事预则立，不预则废，好的计划令你事半功倍。小到穿衣洗漱，大到考试复习安排，都应该提前安排，预先准备。

4. 保持业余爱好

劳逸结合，做一些有意义的业余小事放松心情，愉悦自我。周末可参加一些社团活动，做一点公益事业，或者去图书馆听一场讲座，到电影院观看一部有意义的电影，这些点滴小事也会给我们的生活增添意义，使之变得更充实丰盈。

5. 细节决定成败

生活细节上不马虎，注重自己的仪容仪表。比如，可以从最简单的叠被子、洗衣服等内务开始。“整理床铺会让你认识到小事在人生中并不小。你如果连小事都做不好，就永远不能把大事做好。如果不巧，你度过了很糟糕的一天，无论如何，还是会回到自己早已铺好的床上。对，就是你早晨铺好的。一张铺好的床会带给你鼓励，让你坚信明天会更好。”

在学习上，更应当不敷衍，行事谨慎，力求完美。有些同学为了节省时间，在平时书写上潦草，运算时仓促，一旦养成习惯，往往考试时也不能做到书写美观，准确计算，小错误铸成大麻烦。

校本实践

生涯成长来自实践活动，请参与以下活动，加深你对本课的认识吧！

综合实践活动一：校园厨艺大比拼

在暑假，你会有一份实践作业，即学习营养菜谱，加强实践锻炼，逐步提升自己的厨艺水平，至少擅长做四个菜。开学后，请积极参加校园“厨神大赛”活动，为大家展示你的厨艺吧！

综合实践活动二：寝室美化大赛

每个人都希望自己居住的环境是舒适的，这样，忙碌完一天的学习回到寝室会感到静心、快乐。学校会组织寝室文化生活主题大赛，带动同学们积极创造干净、整洁、舒适、清雅的生活环境。请你做好准备，为寝室美化设定一个主题，拟写寝室文化宣传口号，选择寝室形象代言人，制作你们寝室成员的未来梦想墙等。

综合实践活动三：心理健康活动

我校心育导航中心每年 5 月 25 日会组织“5 · 25 心理健康日”“心苑漫步”等活动，这里既有心理健康知识讲座、丰富有趣的心理测试和疏导小游戏，也有一对一的专业心理咨询，欢迎你来心苑漫步！当然，如果你需要，“心育导航中心”的大门始终为你打开，可爱专业的心理咨询师们在那里等你哦！

第三节　目标管理

导语

如果一个人没有任何目标，那么这个人的人生就失去了光彩，同时他也失去了灵魂。小塞涅卡说：“有些人活着没有任何目标，就像河中的一棵小草，他们不是行走而是随波逐流。”从小塞涅卡的话中我们可以看出目标对我们人生的重要性，所以，在 15—18 岁这个最适合进行生涯体验的高中阶段，大家需要确立自己的生涯目标，并学会管理好自己的生涯目标。

探索活动

一、你能记住多少?

（1）请同学们闭上眼睛，回忆一下身边有哪些东西是某某形状的。（某某形状由老师现场说出）

（2）请同学们睁开自己的眼睛，观察一下你的周围有哪些东西是被你遗漏的。为什么之前这些东西在我们的脑海里没有印象呢?

（3）重新玩一次，这次我们明确一下，大家都找正方形的物品，有十秒钟的时间可供眼睛搜寻，然后再闭上眼睛，回忆一下，哪些东西是正方形的?

（4）这两次活动的差别是什么？可以跟同学们分享你的感受吗?

二、你会选择什么?

有一位军阀每次处决死刑犯时，都会让犯人选择：一枪毙命或是选择从左墙的一个黑洞进去，命运未知。大多数犯人都宁可选择一枪毙命也不愿进入那个不知里面有什么东西的黑洞。那黑洞里究竟有什么使犯人如此害怕?

请同学们大胆发挥想象力，猜测那个黑洞里到底有什么使犯人如此害怕，并写在下面：

1. ______

2. ______

3. ______

写完后，请同桌之间交换你们的猜测，并从对方的三个猜想中选择一个你认为最合理的猜想，并写出你的理由。

选择的猜想是：______

选择的理由是：______

想知道故事的另一半吗？请扫描二维码，看看黑洞里到底有什么吧！同时请思考，为什么人们始终不愿意选择黑洞呢？

三、十年后的你

请同学们为十年之后的自己设定一个目标，并完成下面的内容，所有回答没有对错之分，只需按照你自己的想法回答即可。

时间	目标	所需能力	检验方法
一年后			
两年后			
三年后			
五年后			
十年后			

一、目标是什么

目标是个体、群体或组织对所从事的某一活动期望达到的成就或结果。可以毫不夸张地说，任何一个机构都为实现一定的目标而设立。纵观世界，大到联合国、世贸组织等国际性组织，小到一个国家的各种机构的设立，甚至家庭的产生等，都是为了实现一定的目标。联合国、世贸组织等国际性组织的设立是为了实现人类和平发展的目标；一个国家设立的各种机构是为了维持国家的正常运转；家庭则是为实现“友情—爱情—亲情”的目标而设立的。

二、目标对人生影响的跟踪调查

这是一个非常著名的关于目标对人生影响的跟踪调查。该项调查的对象是一群智力、学历、环境等条件都差不多的年轻人，调查结果发现：

27% 的人，没有目标；

60% 的人，目标模糊；

10% 的人，有比较清晰的短期目标；

3% 的人，有十分清晰的长期目标。

25 年的跟踪调查发现，他们的生活状况十分有意思。

3% 的人——几乎不曾更改过自己的人生目标。25 年后，他们几乎都成了社会各界顶尖的成功人士，他们中不乏行业领袖、社会精英。

10% 的人——大都生活在社会的中上层。其共同特点是那些短期目标不断地被达到，生活质量稳步上升。他们成为各行各业不可缺少的专业人士，如医生、律师、工程师、高级主管，等等。

60% 的人——几乎都生活在社会的中下层。他们能安稳地生活与工作，但都没有什么特别的成绩。

27% 的人——几乎都生活在社会的最底层，生活都过得很不如意，常常失业，靠社会救济，常常在抱怨他人，抱怨社会。

三、制定目标的 SMART 法则

S（Specific）——具体性。这里指的是目标一定要明确，不能模糊。

M（Measurable）——可测量性。制定的目标一定是可以度量的。

A（Achievable）——可实现性。一个目标必须是可以实现的，或者说是经过努力可以实现的。

R（Relevant）——有相关性的。目标必须和其他目标具有相关性。

T（Time-bound）——有时限性。目标必须具有明确的截止期限。 即一个目标只有在一定的时间内达成才有意义。

校本实践

生涯成长来自实践活动，请参与以下活动，加深你对本课的认识吧！

综合实践活动：家长进课堂

学校每年都会邀请不同职业的家长到自己孩子的班级与同学们分享他们的职场故事，使学生一方面可以了解这些职业的特点和要求，了解职业的前景和就业形势，还可以使学生通过家长分享的职场故事体会到这些职业的乐趣。另外，学校还会邀请家长中的职场精英来学校举办讲座，通过团体讲座的形式使学生养成一种正确的职业观。

在你的家庭中，家长们有哪些职业呢？他们是否愿意为同学们讲讲他们的职业的苦与乐呢？他们的职业需要怎样的学历、哪些能力，你知道吗？能邀请他们到学校做分享吗？

第四节　交际能力

孔子曾说过："独学而无友，则孤陋而寡闻。"美国著名教育家卡耐基指出："一个人的成功，15% 源于他的专业知识，85% 则源于他的社交能力。"从上面的话我们可以发现，人际交往能力在我们一生当中都显得非常重要，而高中阶段是人际交往能力形成和培养的一个重要阶段。所以，如何利用好这个阶段培养和提高自己的交际能力是你高中生涯中的一个重要课题，而做好这个课题可以使你成为一个更优秀和更受欢迎的人。

探索活动

一、人际能力小测试

同学们，你们想要了解自己的人际交往能力吗？想要知道自己是否是百里挑一的交际达人吗？那么请同学们完成下面的人际交往能力自测表。

人际交往能力自测表

（本次测试共 10 题，单选，请将你的选项填入右侧空格）

1. 一位朋友邀请你参加他 / 她的生日。可是，任何一位来宾你都不认识： A. 你借故拒绝，告诉他 / 她说："那天已经有别的朋友邀请过我了"。 B. 你愿意早去一会儿帮助他 / 她筹备生日。 C. 你非常乐意借此机会去认识他们。	
2. 在街上，一位陌生人向你询问到火车站的路径。这是很难解释清楚的，况且，你还有急事： A. 你让他去向远处的一位警察打听。 B. 你尽量简单地告诉他。 C. 你把他引向火车站的方向。	

续表

3. 你表弟到你家来，你已经有两个月没有见到他了。可是，这天晚上，电视上有一部非常精彩的电影： A. 你让电视开着，与表弟谈论。 B. 你说服表弟与你一块儿看电视。 C. 你关上电视机，让表弟看你假期中的照片。	
4. 你老爸给你寄钱来了： A. 你把钱搁在一边。 B. 你买一些东西，如油画、一盏漂亮的灯，装饰一下你的卧室。 C. 你和你的朋友们小宴一顿。	
5. 你的邻居要去看电影，让你照看一下他们的孩子。孩子醒后哭了起来： A. 你关上卧室的门，到餐厅去看书。 B. 你看看孩子是否需要什么东西。如果他无故哭闹，你就让他哭去，终究他会停下来的。 C. 你把孩子抱在怀里，哼着歌曲想让他入睡。	
6. 如果你有闲暇，你喜欢干些什么： A. 待在卧室里听音乐。 B. 到商店里买东西。 C. 与朋友一起看电影，并与他们一起讨论。	
7. 当你周围有同学生病住医院时，你常常： A. 有空就去探望，没有空就不去了。 B. 只探望同你关系密切者。 C. 主动探望。	
8. 在你选择朋友时，你发现： A. 你只能同你趣味相同的人友好相处。 B. 兴趣、爱好不相同的人偶尔也能谈谈。 C. 一般说来你几乎同任何人都合得来。	
9. 如果有人请你去玩或在聚会上唱歌，你往往： A. 断然回绝。 B. 找个借口推辞掉。 C. 饶有趣味地欣然应邀。	

续表

10. 对于他人对你的依赖，你的感觉是： A. 避而远之，我不喜欢结交依赖性强的朋友。 B. 一般来说，我并不介意，但我希望我的朋友们能有一定的独立性。 C. 很好，我喜欢被人依赖。	

（引自“中国心理学家网”）

请同学们在完成上表后，扫描二维码，查看关于测试的记分标准和测试结果说明，并把自己的类型写在下面：

·你认为符合自己的真实情况吗？并说明理由。

·你对自己现在的人际交往类型满意吗？若不满意请写出理由。

·若不满意，请在下面写出你自己向往的类型。

·你认为要想成为你向往的类型，你需要如何去改变或者提高自己的交际能力？可以与周围的同学讨论、分享后写在下面。

二、内向？外向？

有一位研究内外向性格的心理学家，同时也是同事们眼中众多性格极为内向的人之一。令人感到十分意外的是，学生对这位心理学家在上课时的评价是妙趣横生。他喜欢开玩笑，善于模仿，像小丑一样搞笑，一点儿都不像同事每天见到的那位性格内向的教授。

请同学们分析这位性格极其内向的教授为什么在上课时可以风趣幽默，请把你的想法与你的同桌或小组成员交流，然后进行讨论，将你们经过讨论并达成一致的想法写在下面：

当有同事向他问起这事的时候，他说：“我把教室当成一个舞台，在这个舞台上，我扮演一位开朗外向、幽默风趣的教授。”这种情况被称为切换舞台表演模式。

请写出你最想扮演的三个角色：

接下来开启我们自己的切换舞台表演模式，我们将邀请几位同学来表演他们向往的角色之一。根据扮演情况，请你点评和总结。

一、人际交往的四个原则

平等原则。平等就意味着相互尊重。寻求尊重是人们的一种需要。同学间交往的目的主要在于共同完成高中的学习任务，这就规定了彼此应在人格上平等和学习上互助，并且主动了解、关心同学。苏霍姆林斯基曾经指出，不要去挫伤别人心中最敏感的东西——自尊心。

相容原则。表现在对交往同学的理解、关怀和喜爱上。人际交往中经常会发生矛盾，有的是因为认识水平不同，有的是因为性格脾气不同，也有的是因为习惯爱好不同，等等，相互之间会造成一定的误会。双方如果能以容忍的态度对待别人，就可以避免很多冲突。

互利原则。古人云：“投之以桃，报之以李。”互利原则要求我们在人际交往中，了解对方的价值观倾向，多关心、帮助他人，并尽量使对方的得大于失，从而维持和发展与他人的良好关系。

信用原则。信用指一个人诚实、不相欺、守诺言，从而取得他人的信任。在人际交往中，与守信用的人交往有一种安全感，与言而无信的人交往内心会充满焦虑和怀疑。对每一个立志成才的学生来说，守信用会使你的形象更添光彩。

（摘编自杨爽《浅谈大学生的人际交往与沟通能力》）

二、人际交往的三大能力

表达理解能力。表达理解能力意味着一个人是否能够将自己内心的思想表现出来，还要让他人能够清楚地了解自己的想法，其次就是理解他人的表达。一个人的表达能力，也能直接地证明其社会适应的程度。

人际融合能力。人际融合能力表明了一个人是否能够体验到别人的可信以及可爱，它和人的个性（如内外向等）有极大的关系，但又不完全由它决定，更多的是一种心理上的意味。

解决问题的能力。解决问题的能力是人在遇到困难时表现出来的态度和处置方式。当前一些同学的一大弱点是依赖性强，独立解决问题能力差，再加上应试教育的弊端，因而严重影响了学生的交往能力。

（摘编自杨乐燕《班主任如何引导大学生克服人际交往中的自卑心理》）

生涯成长来自实践活动，请参与以下活动，加深你对本课的认识吧！

综合实践活动一：心育导航

如果在人群中你感到迷茫困惑，如果有时你感到孤独寂寞，如果你在处理人际关系时还有许多疑惑之处，那么，请到心育导航中心来，可爱而专业的老师等待着你。一起看看中心的介绍吧！

西南大学附属中学心育导航中心，是面向全校学生、教师、家长开展心理健康教育、个体心理辅导、团体心理辅导、心理测评、危机干预及各类特色心理健康活动的专门机构。

我校心理健康教育始于 1998 年，依托西南大学（西南师范大学）心理学、教育学资源，建立“心苑漫步”心理咨询室，每周定期开展咨询活动，每年学生缤纷节中，组织全校同学参与心理图片展、个体团体咨询、心理健康课、团辅游戏等活动，促进学生积极健康成长。

中心现设有心语驿站（接待测评室）、倾听雅舍（个体咨询室）、团辅天地（团体辅导室）、箱庭空间（沙盘室）、舒心小屋（情感宣泄室）、乐享心田（音乐放松室）、心阅氧吧（阅览大厅）等功能室，旨在于新课程改革和新高考改革的背景下，依托以积极心理学为主，教育心理学、发展心理学、认知心理学为补充的理论体系，充分发挥师资团队的研发教学能力，利用一系列专业心理设备，打造学生、教师、家长“三维双向互动”的心理健康教育服务体系，并运用专业心理健康教育与生涯教育的方法和技能，培养积极、乐观、健康、独立、仁爱的新时代建设者和接班人。

综合实践活动二：缤纷社团

想要结识更多的朋友吗？想要和他们一起快乐地度过高中三年吗？快到社团中体验一番吧！

缤纷社团，百卉争妍，西大附中社团历史源远流长。朝气蓬勃的社团文化，色彩斑斓的社团活动，成绩斐然的社团荣誉，充分展示了附中莘莘学子的精神风貌。学生社团已成为我校“课程育人、文化育人、活动育人、实践育人”的阵地之一，是开展生涯规划指导、奠基学生终身发展的有效途径，更是开掘多元智能，全面提升学生核心素养的重要载体。目前我校设有艺术文化类、学术科技类、社会实践类、体育运动类、兴趣爱好类等各类社团 50 余个，开设社团课程 40 门。我校一直秉承缤纷教育理念，打造缤纷社团，开设缤纷课堂，作为第一课堂的重要补充，在学生中学时代埋下希望的种子，为每一位学生的终身发展奠基。

第四单元 生涯畅想

自我认知让我们了解自己、了解生涯规划的起点；对外界的认知让我们了解我们可以依赖什么、借助什么，防备什么、抵挡什么。生涯自立让我们逐渐成为一个可以并且勇于自主选择、自主承担的人。此时，我们畅想我们的未来人生，你会希望自己过怎样的生活呢？你会期待自己在哪些方面有所突破呢？《给十年后的自己》这首歌里写道："这十年来做过的事，能令你无悔骄傲吗？那时候你所相信的事，没有被动摇吗？"十年后甚至二十年后的自己，会是怎样的呢？

"吸引力法则"告诉我们，当你发自内心地想要获得什么，整个宇宙都会来帮你的忙。尽情畅想吧，畅想你最想拥有的生活，当它明亮耀眼得如在眼前时，世界会听到你的呼唤，为你打开大门，看你乘风破浪，披荆斩棘。

第一节　我的大学我的梦

导 语

理想就是人生的灯塔，哪怕前方暂时漆黑，它也能帮我们找到方向。每个人都应该有自己的理想，关于生活、工作，关于世界、宇宙。没有理想的人就好比没有动力的船，只能随波而行。一个人有了远大的理想，就是在困难中也会感到幸福。尼采说，一个人知道自己为什么而活，就能忍受任何一种生活。有了理想，再苦、再累我们都能坚持。

作为高中生的我们，最近的理想就是考上理想的大学。下面，就让我们一起畅想我们理想的大学生活吧！

探索活动

一、理想大学生活面面观

你想象中的大学是怎样的呢？是湖畔的浅吟低诵，还是校园里的专心致志？是草坪上的欢乐追逐，还是树下的眼波流转？每年，大学的开学季总是吸引人们的目光，大学生活也是许多人最美好的回忆。那么，你能想象到的理想大学生活是怎样的呢？

理想中的开学季自己能像脱缰的野马终于可以挣脱父母的怀抱肆无忌惮地出去浪。

理想中自己的大学生活丰富多彩，每天除了学习就是运动健身。

理想中自己在大学一定是个了不起的学霸。

理想中以为上了大学就会出口能成章，提笔能写诗，秒变高级知识分子。

理想中的大学宿舍是和偶像剧中的一样高端大气上档次。

理想中自己上了大学就可以找到对象。

二、由心到笔，落笔成花

请与同学们分享你心中的理想大学和专业，如果可以，搜集这所大学的照片，了解它的历史和现在，并把这些呈现给同学们。

我理想的大学	
我理想的专业	
我理想的大学学习生活	
我理想的大学业余生活	

活动链接

生涯人物故事汇

辛禾认真学习了三年，这三年里每一天都向着“考得更好”这个目标前进，终于，在高考时获得了自己满意的分数。在填志愿时，他有些傻眼，忽然发现自己好像从来没有思考过喜欢的大学、喜欢或擅长的专业。一直都认为只要持续努力就够了，“理头拉车”太久，实在是忘了抬头看路。辛禾按照自己的分数对比了几所学校，最后选择了中山大学，没有什么原因，只是听人说这所学校不错，自己的分数也上得去。可是，又该选择什么专业呢？他踌躇很久，想起数学是自己相对擅长的学科，那就干脆去学数学吧！辛禾成功地被中山大学数学系录取，成为了“别人家的孩子”，许多朋友都羡慕他，父母也为他骄傲。

可是，到了大学之后，辛禾却一点儿也不快乐。数学是他高中喜欢的学科，但大学数学和中学数学完全不同。在旁听其他系的课和其他同学的网课时，他终于发现，自己喜欢的专业是教育学，他喜欢把知识清楚明晰地传递出去的感觉。可惜中山大学的教育学并不是学术顶尖，他思考良久，决定退学重考……家人们纷纷提出反对意见，老师也不能理解，重考是否就能考到心仪的大学和专业？他的选择是否正确？这一个个问题摆在他面前，他该如何选择？

校本实践

生涯成长来自实践活动，请参与以下活动，加深你对本课的认识吧！

综合实践活动一：校友返校大宣讲

学长学姐们的名字总是被老师们提到，他们如今在哪里呢？附中这个平台为他们储备了什么能力，让他们到了大学也十分受用呢？一起去听听他们的见解吧！

已进入大学的附中校友返校宣传自己所在的大学，从专业设置、师资配备、校园环境、就业情况、研究成果等方面给高二、尤其是高三的同学们提供信息。

班主任邀请已经进入大学的学生回到学校为正处在高一、高二年级的同学们分享他们的高考体验、大学生活，亲身经历过，更懂其优势劣势，同学们可以向他们提问，了解更多个人理想中的大学情况。

综合实践活动二：“翻滚吧，后浪！”大学生活畅想演讲比赛

我们都喜欢想象，想象未来的自己，想象那些在现实世界里不太可能发生的事情。那么，你想象过你的大学生活吗？你准备怎样展开你的蓝图呢？请参与班级组织的大学生活畅想演讲比赛，发挥你的检索力和想象力，为大家呈现你的未来生活吧！

第二节　我的生涯规划书

鲁迅先生在《导师》里写道："但青年又何能一概而论？有醒着的，有睡着的，有昏着的，有躺着的，有玩着的，此外还多。但是，自然也有要前进的。"那么，亲爱的你，是醒着的吗？是想要前进的吗？在高中阶段，面对高考这个巨大的人生转折或人生跳板，你将去哪里？又将如何去呢？为了达到你的目标，你是否应该有所规划呢？

探索活动

一、我的未来我管理：完成生涯规划书

生涯规划书之自我探索

（全方位、多角度自我分析认知）

学科或职业兴趣（喜欢干什么）	
学科或职业能力（能够干什么）	
个人特质（适合干什么）	
价值观（最看重什么）	
胜任能力（个人优势）	

续表

个人经历	教育（培训）经历	
	兼职 / 志愿者经历	
综合分析小结		

生涯规划书之外界探索

（家庭、学校、社会、职业环境探索）

家庭环境分析（如家庭经济状况、家人期望、家庭文化对本人的影响）	
学校环境分析（如学校特色、专业学习对本人的影响）	
社会环境分析（如就业形势、就业政策对本人的影响）	
职业环境分析	

生涯规划书之目标定位及计划实施

目标	
时间段	
目标细分	
主要行动	
备注	

二、我的未来我管理——评估与调整

生涯规划是一个动态的过程，必须根据实际的情况以及环境的变化进行及时的评估与修正。请根据实际情况对你现在写下的计划书做出合理的调整，在碰到问题和困难时及时向指导老师寻求专业帮助。

可参考的生涯规划书

以下是一份年轻教师的生涯规划书，请你看看是否有可以参考的地方。

第一年发展规划	发展目标	广泛阅读文学、教学相关理论，打好坚实的理论基础；深入学习教学研究的具体方法，掌握基本的分析工具，在教学实践中发现个人的问题和兴趣所在。
	发展途径	依托西大图书馆，扩大阅读量并做好笔记，写好读后思考；写好课堂反思；在导师的指导下完成理论学习和方法训练。
	预期成果	发表一篇高质量论文。
第二年发展规划	发展目标	从教学实践中发现的问题出发，确定自己的研究方向，并在导师的指导下最终确定课题，开展研究。
	发展途径	教学实践、教学反思、导师沙龙、学员之间的交流碰撞。
	预期成果	发表一篇高质量论文，参与一项实践研究课题。
第三年发展规划	发展目标	对前两年的学习做一总结，并在研究方向上继续深入，并以其为根，激发出更多的思考与尝试。
	发展途径	教学实践、教学反思、导师沙龙、学员之间的交流碰撞，导师单独指导。
	预期成果	发表一篇高质量论文，参与一项实践研究课题。

生涯成长来自实践活动，请参与以下活动，加深你对本课的认识吧！

综合实践活动：遇见最美的自己

请在每一学期结束之后，完成专属于自己的生涯规划手册《遇见》，检查自己的目标是否达成，自己收获了老师、家长怎样的评价，自己还可以在学校里参加哪些活动来丰富生活、助力目标的达成……请把你的生涯规划书放到书桌的显眼位置，让它成为督促你进步的小帮手，别忘了根据实际情况调整哦！

第三节　变化与适应

出生至今，我们总是面对着各种变化，比如一颗种子在土里生长，不经意间绿意爬上了你的窗栏。我们自己也在不断变化，从学语的婴儿变成学龄儿童又成为少年，小小身躯里渐渐蓄积了越来越多的力量。当然，变化并不总是让人欣喜，也可能给我们带来恐惧，比如原本安稳的生活起了波澜，之前的选择出现了不期的后果……外部世界、自身成长都需要我们懂得如何适应变化。那么，我们应该如何面对变化，又如何更好地适应变化呢？

探索活动

情境 ABC

1. 活动内容

（1）三人一组，分为十个小组（班额较大的可以分为二十个小组，分两轮完成游戏）。三人的代号分别是 A、B、C。

（2）首先，各组的 A 同学蒙上眼睛，由 B 同学扶着 A 同学在场地内绕行一圈，绕行时可以用语言、动作等提示 A 同学避开障碍物，C 同学负责观察、记录。

（3）老师在场地各处放置水彩笔、书本、零食等奖品。B 同学站在原位，A 同学在 B 同学的口头指引下找到老师放置的奖品。

（4）A、B、C 三位同学轮换位置，此时规则改变，A 同学只可带着被蒙着眼的 C 同学绕场行走，不可用语言告知其障碍物的具体情况。绕行结束后，A 同学站在原地，可以说话，被蒙上眼的 C 同学根据 A 同学的提示找到奖品。

（5）再次轮换位置，此时规则改变，不可绕行，没有口头指引，被蒙上眼的 B

同学只能自己靠前两轮的记忆搜寻场地找到奖品。

2. 活动分享

请与你的小组成员一起分享此次活动体验，当你分享时，可以参考以下几个方向：

（1）你在不同角色上时感受一样吗？你认为不同位置需要哪些不同的能力？

（2）当规则发生变化时，你有什么感受？为了拿到奖品，你是如何调整自己适应新规则的？

（3）生活中，你遭遇过哪些具体的变化？在遭遇这些变化时，你有什么感受？这之后你选择了适应还是逃避？逃避时，你有什么感受呢？你是如何让自己适应新的形势的呢？

（4）你认为，适应变化需要哪些品质？

一、生涯人物故事汇——付云皓

1. 奥数天才坠落之后

付云皓前 33 年的人生里取得的最高成就是成为 IMO（国际数学奥林匹克竞赛）2002 和 2003 连续两年的满分金牌得主。在中国国家队三十余年的参赛史上，取得这一成绩的选手只有三个。IMO 有“相对困难”和“相对简单”的难度区分，付云皓是唯一一个征战了两届“相对困难”的中国选手。

六年级，付云皓拿了华罗庚金杯赛的团体第一和个人第一，初一拿了迎春杯初中组第一，初中奥林匹克数学联赛也是北京市第一。

高中，付云皓选择了清华附中。2001 年付云皓高一，差一分没进冬令营。但那年国家队在他的学校清华附中集训，特批他旁听，那会儿他就被早早地视为后两年的后备力量。高二他第一次入选国家队，实力在队里只能排到第四，“作为一个高二的同学去的时候没想那么多”，结果是中国队拿满分的两人之一。

2003 年，付云皓凭借出色的竞赛成绩被保送至北大数学科学学院。刚入学时，他就是班长，学院指派他担任迎新晚会的主持人。但后来，他却因为打游戏导致了挂科，补考失败后，他没能拿到学士学位。

2009 年，他在一位欣赏他的老师的引荐下读研究生。2011 年，他硕士毕业，报考清华大学的“运筹学与控制论”博士学位，试题都是他曾经学过一遍的内容，付云皓拿出过去几年从未有过的认真劲儿，但当年能够轻松拿高分的试卷，现在看来却是一片陌生。最终，他没有考上。

他意识到，自己再也不是“天才”了。

在做数学研究的路被彻底堵死后，付云皓来到广东第二师范学院（二本院校），成为了一名数学老师，一周要教三节“高等数学”课和六节“数学竞赛”课，还有平均每三天一项的行政任务。其余的时间里，他是一位为各大奥数比赛出题、阅卷、颁奖的奥赛教练，一个月要完成十道以上的竞赛题。

（摘编自《人物》杂志）

2. 奥数天才“坠落”之后——在脚踏实地处

现在的我是一名普通师范院校的教师付云皓。

如果从世俗意义上的成功来衡量，我和很多本科时期同在北大的同学确实有不小差距，“陨落”这个词送给我，不算过分。但是从我个人的观感来衡量，我并未觉得自己在陨落，或者是已经陨落。我的观感是：现在的我，正稳稳当当地一步一个脚印踩在基础教育的道路上，在广东第二师范学院这所以培养中小学老师为目标的学校，我们算笔账好了，我们一届算100个师范生，80个去中小学，每个学生平均带10届学生，每届算两个班60人。若真能帮助这些师范生提升能力，那一年的教学里能间接帮助多少小孩子呢？2013级的春燕同学曾经问我，为什么来这里工作，我的回答之一是，让广东省多几个靠谱的中小学老师。嗯，就是很简单的想法，没有什么星辰大海，没有太多高远的学术理想的宣扬，我只想尽自己的力量，让初等教育越来越专业化，越来越有水平，提高师范生的教学能力让尽量多的孩子受到正确的引导。

我在北大发生的事情，我自己负主要责任。年少轻狂。所以希望在看文章的你，特别是大学生，切记不要挂科。年少时期经历学业上的打击，到很颓废的那段时间是有一些落差的，但这些都已经化解。这么多年的工作生活，让我明白了在大学的象牙塔之外，有广阔的世界，有许许多多的事情等着人去身体力行。

另外，教“二本师范生”就不配搞学术吗？学术何时只存在于“高堂之上”？我认为学术就是学术本身。是因为有热情，所以才去钻研，是因为有碰撞才有火花，是因为有执着所以才耐得住寂寞。

至于我现在的职称和工资，与上面所有的东西相比，都是最不重要的事情。做个不恰当的比喻，某个体育奥运冠军退役后做同一项目的教练，你会关心那个教练的级别和工资吗？

也许看完这篇文章后，你们依然认为我是坠落的天才，那么我也欣然接受，因为脚踏实地一步一个脚印地进步，让人成长得更接地气些。也许曾经的“好运气”让我飘在空中，后来的“坏运气”也让我飞流直下，然而现在的我就是稳稳地在平地耕耘的我。没有所谓的自甘堕落，没有所谓的“伤仲永”，关心我的人，请不要担心，我在以自己的步调努力和这个时代一起前进着。

（付云皓回应《人物》杂志，节选）

看完两则材料，请思考：付云皓的生活发生了什么变化？你为他的变化惋惜吗？他是以怎样的方式适应了这些变化？适应变化需要有哪些品质呢？

二、生涯前沿：叙事理论

故事与“说”故事，是两件事。你去“说”故事，就赋予这个故事在你说话的时候个人的“看法”“观点”和“意义”，这些“看法”“观点”和“意义”就随着你的话语而传送出来。……每一个人在说一件事情的时候，属于他个人的“意义”都一并被烘托出来了，所以海德格（尔）说：“语言是存在的家。”不同时候讲同样发生过的事情，会用不同的角度去说它，这就是“重写”，把发生的事情，讲一遍、再讲一遍、又讲一遍，每一遍都不一样，都有新的观点产生，也就进入了“解构”与“再建构”的循环过程。

（摘自黄素菲《叙事治疗的精神与实践》）

从上述理论可以看出，一次次地回顾我们的经历，并将此经历“重写”（与他人分享），我们就带动自己进入解构过去的自己、重新建构理想中的自己的过程。所以每次活动之后的分享都尤为重要，那是我们认知自己、重铸自己的途径。

校本实践

生涯成长来自实践活动，请参与以下活动，加深你对本课的认识吧！

综合实践活动：校园心理情景剧

当我们遭遇变化，必须适应时，往往会在心理上产生一些抵触情绪，有时甚至在眼前的生活中裹足不前。这时，我们可能需要向人倾诉，需要他人帮助，如果不擅长直接表达，可以试试参与我们校园心理情景剧的演出，在角色扮演中解决自己的问题。每年 5 月 25 日我校都会举办校园心理健康艺术节，其间会举办心理情景剧比赛，学生把日常学习生活中的各种问题，如人际困难、学业困扰、网络成瘾、情感困惑、家庭矛盾等编成剧本，并融入心理学知识，演出自己的故事，在角色体验中宣泄情感、释放压力、领悟道理。

第四节　我的未来不是梦

没有谁不曾想过未来。“未来”两个字似乎具有某种魔力，每当人们谈到它，眼前就仿佛出现了一片绮丽、一片光明。十几岁的你们，正是拥有无限可能性的时候，未来的大门才刚刚对你们打开，要去哪里、要成为怎样的人、要过怎样的生活，这些问题的答案，就握在现在的你的手中。摊开你的手，让我们一起看看你心中的未来吧！

探索活动

未来万花筒

我们都曾想象过自己的未来，在你心中，它是怎样的呢？

先来看看两个小学生是如何描绘自己心中的未来的吧！

做圣贤

我长大后想要做圣贤。

做圣贤需要足够的本领与品质，需要懂得隐忍、退让、自谦、魄力和自我控制、无所贪恋。

这些对我来说并不是什么难事。我可以忍受羞辱、可以退居人后、可以掩藏荣誉、可以坚持己见，同样也可以清心寡欲，肯德基我已经好久不吃了。

再说一件我亲身经历的事件：冬天五六点时天已经完全黑了。下课回家，在路上左顾右盼的我，在路灯下隐隐发现有两张暗红色的东西散落在草坪。我打算把它们丢进垃圾桶，仔细一看却是两张一百元的纸钞，上面还有水印。对于一般的小学生来说，两百元已经是一笔巨款了，但我却没有一丝心理波动，就顺手把它塞进警亭了。

我的未来

有人会笑我说："为什么要当炊事兵？"这个问题问得好呀。

因为我也怕死，但是我认为"国家兴亡，匹夫有责"，我既然是男人，就有义务去当兵，保家卫国。但我也不想失去生命，只想在炊事班给同志们做饭，我虽然不会被评为战斗英雄、获得军功章，但是这个职位总要有人去做，我就愿意去，因为这样无私地为战友们奉献也是好的。而且炊事班也是一个相对比较安全的战位，一般在后方。另外，炊事员行军时也会配枪，玩枪也是我的梦想，这样既安全又能为部队做贡献，不是个两全之计吗？

不过我更加希望祖国能和平，轮不到我们当兵的打仗。

从他们的描述中，你能感受到他们对于未来的期待吗？他们现在的兴趣或能力有没有可能帮助他们到达那样一个未来呢？

你呢？你对未来有什么期待？一起开始接下来的活动吧！

1. 贴出我的未来

（1）请以 6 ~ 8 人为一个小组，每个人一张纸，一个小组共用一把剪刀、一支胶棒。

（2）请准备几本旧杂志（可由老师准备，也可由学生自带），借助你手里的杂志，按照你的需要、你的喜好去裁剪、粘贴你期待的未来模样，时间为 8 分钟。

提示：注意不要乱扔素材，也许你不需要，但对别人来说很重要。

2. 分享你的剪贴体验

请与你的小组成员一起分享此次剪贴体验，当你分享时，可以参考以下几个方向：

（1）在做这次剪贴之前，你想过自己未来生活的样子吗？

（2）你认为你所描述的生活应该怎样获得？现在在做相关的准备吗？

（3）在贴的过程中，时间比较紧迫，怎样才能更快一点儿？工具不够用时，你是怎么做的？杂志素材是有限的，你想要的杂志里没有或被人抢走时，你是怎么做的？

3. 活动总结

你发现了吗？对未来生活的设想是我们前进的重要动力，请畅所欲言，与大家分享你因此次活动而产生的想法。

一、生涯人物故事汇——他在辩论的荒漠上顽强生长

周同学，西大附中高2018届毕业生，校辩论队队员，现就读于上海海事大学，承担附中“行远”辩论队副教练的职责。他的故事，或许能够说明，我们想要的未来不是梦。以下，是他在辩论中成长的路径，也是他与附中实践活动一起成长的记录。

2016年秋天，西大附中行远辩论队正式成立，包括我在内的三十几个满怀热情的辩论初学者和一腔激情的辩论教练在嘉陵江边开始这漫漫辩论长征路。事实上，重庆乃至整个西南地区几乎为中学生辩论荒漠，当中学生辩论在北京、上海、南京、广东等地蓬勃发展的时候，嘉陵江边缙云山下的我们无依无靠，只能独自闯荡自己的辩论征程。我们不甘心在这里自娱自乐，我们立志，无论如何我们都要去外面看看更大的辩论世界，我们一定要走出荒漠前往更大的舞台。

2017年寒假刚过，作为立队以来的第一战，我们来到山东参加青岛二中举办的“山海杯”国际华语辩论邀请赛，留在学校焦急地等待赛果的辩论队员迎来的却是两战连败出局的消息。2017年暑假我们去往了更远的台湾，参加第三届“亚洲杯”中学生华语辩论赛，小组第一出线却止步16强。江苏“礼济杯”小组赛尚未出线，不过看到希望的我们却越战越勇。2018年暑假，再次在香港挑战第四届亚洲杯中学生华语辩论赛，几乎是一模一样的结局，小组第一出线却止步16强，加上双线作战，我们在江苏“礼济杯”赛场依旧小组未出线。2019年寒假，不甘心失败的我们，接连出战两场比赛，国际华语辩论邀请赛中学组和“山海杯”，在强队云集的华语辩论邀请赛中再次落败，代表附中出战山海杯的五个高一小姑娘也以半票之差遗憾未能出线。我们犹记当初的誓言，奋力拼搏，勇往直前！我们永远不会放弃心中的辩论梦想。

2019年，我们有了新的目标，我们不仅要去外面眺望更大的世界，更要在此地荒漠之上，建立起一片辩论的绿洲，我们要自己创造更大的世界，我们绝不能再如此孤独作战。我们与北京联合会杯组委会合作举办了联合会杯重庆赛区的比赛，我们是如此希望可以借此带动重庆乃至西南地区的辩论氛围，我们就要做那个开路人，开辟出重庆的中学生辩论天地。

我们知道，成功之前必然有失败，我们队内也调侃，西大附中行远辩论队的历史就是失败的历史，可是我们从未放弃努力。我们相信总有一天，我们可以在中学生华语辩论界闪耀发光。坚强地在辩论的荒漠生长，我们就像一株不死的仙人掌，我们不仅要走出荒漠，更要推动这片荒漠成为茵茵绿洲。2019年8月，西大附中辩论队终于进入“亚洲杯”八强！我也从一个辩论生手成长为可以独立带队打比赛的真正辩论人。未来，我将尽我所能，去描画属于我、属于附中的辩论蓝图！

二、生涯前沿：叙事理论

建构未来叙事是一种将个人最基本的动机、最出色的优点和最突出的兴趣和价值，编织成为一个整体组合的企图，使过去牵念的核心欲望，在未来逐步实现；过去所培养的核心优点，在未来有目的地加以运用；在过去经验中冶炼形成的兴趣和价值，在未来继续精炼和拓展。总之，过去形成的都在未来实现。

（摘自赖利·寇克伦《叙事取向的生涯咨商》）

由此理论可知，具体地畅想未来意味着将自己的动机、优势、兴趣、价值整体有机组合，通过激发动机、运用优势、精炼和拓展兴趣与价值，一步步达成自己的梦想目标。你发现自己的优势了吗？你对什么特别感兴趣，甚至想要将它发展为志趣？哪种价值在你心灵的天平上是最重的呢？

校本实践

生涯成长来自实践活动，请参与以下活动，加深你对本课的认识吧！

综合实践活动一：晓田缤纷教育支持计划

傅晓田学姐是我们学校的骄傲，她也为我们的同学们提供了许多提升自己的机会，来看看有哪些机会吧！

晓田带你看世界——学子凤凰卫视访学；

晓田携你品人生——附中晓田大讲堂；

晓田引你享盛宴——捐赠母校图书；

晓田帮你圆梦想——资助自强学子；

晓田助你读剑桥——推荐剑桥留学。

综合实践活动二：十八岁成人礼

在你们将满十八岁时，学校会为同学们准备成人礼，在班主任和年级的组织下，班级会为大家准备代表友谊的绿丝带，准备成人证、成人礼的节目，确定家长和学生代表发言等。还会准备高中三年的活动照片，做成视频，回忆高中经历的点滴。基本流程：

（1）教师代表表演节目，学生代表发言。

（2）家长代表发言并表演节目。

（3）全体同学阅读家长写的一封信。

（4）同学之间为彼此系上代表友谊的绿丝带。

（5）师生同唱西南大学附中校歌。